Aufwachsen in Würde

AF210567

Waxmann Verlag GmbH
Steinfurter Straße 555, 48159 Münster
info@waxmann.com

SCHULE IN EVANGELISCHER TRÄGERSCHAFT

herausgegeben von

Volker Elsenbast, Münster
Jürgen Frank, Hannover
Christel Ruth Kaiser, Steinatal
Cornelia Schäfer, Gotha
Christoph Th. Scheilke, Stuttgart-Birkach
Friedrich Schweitzer, Tübingen

BAND 15

Waxmann 2012
Münster / New York / München / Berlin

Martin Schreiner (Hrsg.)

Aufwachsen in Würde

Die Hildesheimer
Barbara-Schadeberg-Vorlesungen

Waxmann 2012
Münster / New York / München / Berlin

Bibliografische Informationen der Deutschen Nationalbibliothek
Die Deutsche Nationalbibliothek verzeichnet diese Publikation in
der Deutschen Nationalbibliografie; detaillierte bibliografische
Daten sind im Internet über http://dnb.d-nb.de abrufbar.

Schule in evangelischer Trägerschaft; Band 15
hrsg. von Volker Elsenbast, Jürgen Frank, Christel Ruth Kaiser,
Cornelia Schäfer, Christoph Th. Scheilke und Friedrich Schweitzer.

ISBN 978-3-8309-2678-8
ISSN 1614-0540

© Waxmann Verlag GmbH, 2012
Postfach 8603, 48046 Münster

www.waxmann.com
info@waxmann.com

Umschlaggestaltung: Pleßmann Design, Ascheberg

Gedruckt auf alterungsbeständigem Papier, säurefrei gemäß ISO 9706

Inhalt

Einleitung

Martin Schreiner

Für die Barbara-Schadeberg-Vorlesungen 2010 im Michaeliskloster Hildesheim wurde mit folgendem Einladungstext geworben:

„Die diesjährigen Barbara-Schadeberg-Vorlesungen orientieren sich thematisch an der Frage, wie protestantisches Bildungsverständnis in der aktuellen Bildungsdiskussion profiliert zur Sprache kommen und in heutigen Schulentwicklungsprozessen konkret Gestalt gewinnen kann. Dabei geht es um Impulse allgemein- und religionspädagogischer Art ebenso wie um biblisch-theologische und systematisch-theologische Sichtweisen, die anregen, Grundzüge christlicher Anthropologie zu bedenken und daraus Folgerungen für die Schulpraxis – das Leben und Lernen in der Schule – zu ziehen. Nicht nur evangelische Schulen – aber diese als Schulen mit pädagogischem Konzept, das im Evangelium wurzelt, in besonderer Weise – stehen derzeit vor großen Aufgaben: Wie realisiert sich professioneller Umgang mit Heterogenität im Schulalltag? Auf welchen Wegen kann individuelles Fördern gelingen? Unter welchen Voraussetzungen ist „inklusive" Schule vorstellbar? Die Vorlesungen präsentieren beides: Modelle schulischer Förderung, die Kindern und Jugendlichen ein „Aufwachsen in Würde" ermöglicht; damit verbunden die Motivierung und Fundierung solcher Praxis im biblisch-christlichen Menschenverständnis als unverzichtbarem Beitrag zu einem Bildungsbegriff aus protestantischer Perspektive."

In seiner Begrüßung verwies Prof. Dr. Martin Schreiner als Dekan des Fachbereichs Erziehungs- und Sozialwissenschaften und geschäftsführender Direktor des Instituts für Evangelische Theologie der Stiftung Universität Hildesheim unter anderem auf die besondere Nachbarschaft des Tagungsortes zu einem einzigartigen frühromanischen Sakralbau, nämlich der gerade ihr tausendjähriges Jubiläum feiernden ehemaligen Klosterkirche St. Michael, die gemeinsam mit dem Mariendom zum Hildesheimer Weltkulturerbe zählt. Bischof Bernward hatte vor mehr als tausend Jahren die Idee, hier in einem – wie es in der Vita Bernwardis im 46. Kapitel heißt – „bis dahin unerschlossenen Gelände, wo nur wilde und hässliche Tiere hausten", seine Vision des ewigen Jerusalems, der Stadt auf dem Berge, zu verwirklichen. Dies sei ihm mit Hilfe des Geheimnisses der sakralen Mathematik gelungen, so dass es faszinierend sei, verstehen und die Codes entschlüsseln zu lernen, die sich in den geometrischen Maßen und Strukturen das Göttliche widerspiegele. Schreiner lud die Tagungsteilnehmenden herzlich ein, in den Pausen die Michaeliskirche zu besuchen, ihre Augen über die gebaute Theologie wandern zu lassen, die Blicke auf das einzigartige Deckenbild mit dem Stammbaum Christi, den

Propheten, Erzengeln und Evangelisten zu genießen, die Szenen und Figuren auf der überragenden Christussäule und auf der eindrucksvollen Engelchorschranke zu entdecken, die Emporen und Kapitele zu betrachten und die Grablege Bernwards in der dreischiffigen, niedrigen Westkrypta mit tonnengewölbten Umgang sowie den erhaltenen Flügel des Klosterkreuzgangs aus dem 13. Jahrhundert aufzusuchen.

In seinem Grußwort erinnerte Prof. Dr. Wolfgang-Uwe Friedrich, Präsident der Stiftung Universität Hildesheim, mit Blick auf die Schlüsselbegriffe „Athen", „Rom" und „Jerusalem" sowie „Aufklärung" an die Grundlagen der abendländischen Geschichte und Kultur. Er fragte zudem unter anderem, wie evangelische Christinnen und Christen in der heutigen Zeit wahrnehmbar sein könnten und würdigte insbesondere das bürgergesellschaftliche Engagement von Stifterpersönlichkeiten wie Barbara Lambrecht-Schadeberg, der kurz nach der Tagung in Nürnberg die Martin-Luther-Medaille der EKD verliehen wurde. OLKR' Dr. Kerstin Gäfgen-Track betonte als Bildungsreferentin der Evangelisch-Lutherischen Landeskirche Hannovers in Rückgriff auf Philipp Melanchthons Gedanken die Verantwortung von Kirche für ein leistungsfähiges öffentliches Bildungswesen, die Notwendigkeit eines erfolgreichen Zusammenspiels von konkreter Praxis und wissenschaftlicher Reflexion sowie der Sichtbarmachung von christlichen Visionen und Hoffnungen für alle Menschen weltweit. Bildung trage in sich die Verheißung, dass Leben gelingt. Die Stifterin Barbara Lambrecht-Schadeberg, Vorsitzende der Barbara-Schadeberg-Stiftung, stellte Ziele und Schwerpunkte der Stiftung[1] vor und wies mit erkennbarer Freude auf die Aussage hin, evangelische Schulen sollten als „Salz in der Suppe" wirken.

Prof. Dr. Jan-Henrik Olbertz, Präsident der Humboldt-Universität zu Berlin, eröffnete den Vortragsreigen mit luziden Überlegungen zu „Lernen in Würde. Beraten –

---

1 Die Barbara-Schadeberg-Stiftung wurde 1994 aus privatem Vermögen der Unternehmerin Barbara Lambrecht-Schadeberg aus Krombach nach dem Stiftungsrecht der Evangelischen Kirche von Westfalen errichtet. Die Stiftung verfolgt das Ziel, im Evangelium begründete Bildung und Erziehung zu fördern. Die jährlich etwa 250.000 Euro zu vergebenden Fördermittel dienen zu gleichen Teilen Evangelischen Schulen und Internaten, Schulneugründungen, der Lehrerfortbildung und der wissenschaftlich reflektierten Schulprogrammentwicklung. Die Barbara-Schadeberg-Stiftung verleiht alle drei Jahre den Barbara-Schadeberg-Preis für beispielhafte Arbeit an Evangelischen Schulen und veranstaltet an wechselnden Universitäten (2001 Tübingen, 2002 Wien, 2004 Halle-Wittenberg, 2007 Berlin, 2010 Hildesheim) die Barbara-Schadeberg-Vorlesungen zur wissenschaftlichen Förderung einer im Evangelium begründeten Bildung und Erziehung an Schulen. Sie unterhält seit 2003 die Wissenschaftliche Arbeitsstelle Evangelische Schule in Hannover zusammen mit der Bildungsabteilung der EKD in enger Zusammenarbeit mit dem Comenius-Institut in Münster. Vgl. Barbara-Lambrecht-Schadeberg, Stiftung in der Zeit der Wende, in: Verantwortung für Schule und Kirche in geschichtlichen Umbrüchen. FS für Karl Heinz Potthast zum 80. Geburtstag, hg. v. K. E. Nipkow, V. Elsenbast und W. Kast, Münster 2004, 191-198.

Begleiten – Betreuen: Förderkonzepte in Schulen". Zunächst forderte er Kriterien der Auswahl für das wirklich Wichtige „inmitten der alltäglichen Vielfalt ohne Zeit, ohne Maß und ohne Verheißung, inmitten der allgemeinen Beschleunigung und Erlebnisfülle, inmitten des Stakkatos von Anforderungen". Sodann trat er dafür ein, Kinder mit allen ihren Potentialen zu stärken, indem Lehrkräfte insbesondere die Eigenwürde der Lernenden und des Lernens in den Blick nehmen, die Stärkung der Selbstgewißheit und des Zutrauens als höchstes und einziges Ziel von Schule erklären, die Kinder und Jugendlichen mit kulturellem Grundwissen, verbindlichen Maßstäben und Grundregeln konfrontieren sowie Eigenwohl und Gemeinschaftswohl abwägen. Gegen das Diktum „Schule für alle" setzte Olbertz das Diktum „Schule für jede(n)". Er warnte vor einem Gegeneinander der Begriffe „Integration" und „Inklusion" und konstatierte: „Alle sind zu integrieren in eine offene heterogene Welt".

In ihrem Vortrag „Erziehung zum Menschen. Aspekte der biblischen Anthropologie für schulisches Lernen" entfaltete Prof.' Dr. Christina Hoegen-Rohls, Biblische Theologin an der Westfälischen Wilhelms-Universität Münster, zunächst entlang der Grundfragen „Woher kommen wir?" – „Was sind wir?" – „Wohin gehen wir?" unter Berücksichtigung ausgewählter alt- und neutestamentlicher Textbeispiele von Genesis über Psalmen bis zu paulinischen Briefen und Johannesevangelium Grundzüge der biblischen Anthropologie. Im zweiten Teil ihrer spannenden Ausführungen offerierte Hoegen-Rohls sodann eine Konzeptskizze für ein protestantisch profiliertes Gymnasium auf der Basis biblisch-anthropologischer Einsichten mit folgenden Elementen: Die Haltung des Fragens als Grundhaltung des Lehrens und Lernens – Stoffakzentuierung im Horizont christlicher Tradition – Leiblichkeit, Sozialität und Religiosität.

Prof. Dr. Christian Grethlein, Praktischer Theologe an der Westfälischen Wilhelms-Universität Münster, stellte unter der Leitfrage „Kann das Evangelium junge Menschen fördern?" wertvolle grundsätzliche religionspädagogische Überlegungen zur Begründung evangelischer Schulen an. Ausgehend von der 2008 erschienenen Handreichung des Rates der EKD zu „Schulen in evangelischer Trägerschaft" unternahm er eine genauere inhaltliche Bestimmung des Begriffs „Evangelium" und durchmusterte anschließend die gewonnenen Einsichten unter pädagogischer Perspektive. In einem dritten Teil wies Grethlein exemplarisch auf mögliche schultheoretische und -pädagogische sowie didaktische Konsequenzen für Evangelische Schulen hin, insofern sich diese als Orte der Kommunikation des Evangeliums verstehen. Zu Recht bemerkte er, dass es bei der Kommunikation des Evangeliums „wesentlich um (zumindest tendenziell) symmetrische Kommunikationsprozesse" gehe, „bei denen die Beteiligten gemeinsam die Perspektive des Reiches Gottes entdecken und ausloten".

Im abschließenden Vortrag „Heterogenität bejahen – Anregungen aus der Praxis evangelischer Schulen" stellte OKR' Dr. Uta Hallwirth, Leiterin der Wissenschaftlichen Arbeitsstelle Evangelische Schule in Hannover, ausgewählte Förderkonzepte der am Barbara-Schadeberg-Wettbewerb teilnehmenden vierzehn Schulen vor. Zunächst benannte sie unterschiedliche Bedingungen für den wirksamen Umgang mit Heterogenität an Schulen allgemein, zeigte im zweiten Teil ihrer praxisorientierten Ausführungen konkrete Perspektiven und Ansätze für den Umgang mit Heterogenität auf – insbesondere die Öffnung für benachteiligte Zielgruppen, die Perspektive individueller Beratungs- und Förderkonzepte sowie die Perspektive von Integration und Inklusion – um schließlich Schulentwicklung als Voraussetzung und Motor von Förderkonzepten sowie Netzwerke als Motor auf dem Weg zur inklusiven Schule zu profilieren.

Der Tagungsrückblick von Martin Schreiner wurde für diese Veröffentlichung wesentlich überarbeitet und erweitert. Unter dem Titel „Aufwachsen in Würde und christliches Menschenbild – Religionspädagogische Annäherungen" untersucht er nach einem literarischen Entree mittels Textauszügen aus Jane Tellers Roman „NICHTS. Was im Leben wichtig ist" die Begriffe „Menschenwürde" und „biblisch-christliches Menschenbild" und legt Rechenschaft darüber ab, was es heißen könnte, sich „in Gottes Spur zu befinden" (E. Levinas).

Das Sujet der in dem vorliegenden Band verschriftlichten Vorträge der Barbara-Schadeberg-Vorlesungen 2010 wird zudem durch mehrere hervorragende zusätzliche Beiträge erschlossen, die speziell für diese Veröffentlichung eingeworben werden konnten. Der Wiener Erziehungswissenschaftler Prof. Dr. Henning Schluß widmet sich zusammen mit Albrecht Dröse, Veronika Krötke und Maria Nooke dem Thema „Die evangelischen Schulen in der DDR – Ein Beitrag zum Aufwachsen in Würde in einem entwürdigendem System". Nach einem präzisen Überblick über die bildungspolitische Entwicklung in der DDR skizzieren sie das evangelische Schulwesen als einer Alternative in der DDR zum Volksbildungssystem und zeigen die Räume evangelischer Freiheit auf, die die kirchlichen Proseminare und Oberseminare eröffneten. Der Jenaer Religionspädagoge Prof. Dr. Michael Wermke konturiert Pluralisierung und Individualisierung als Signaturen der europäischen Einheit, fragt nach den Folgen für das Christentum in seiner Tradition und für die Kirche als der institutionalisierten Verfasstheit der Christen und tritt für die Vermittlung von Pluralitätskompetenz als wesentlichem Bildungsziel ein. In seinem grundlegenden Beitrag „Inklusion und Anthropologie – Christlich-pädagogische Perspektiven" geht der Nürnberger Religionspädagoge Prof. Dr. Manfred L. Pirner zunächst der Frage nach, inwieweit christliche Fundierungen und Perspektiven zur UN-Menschenrechtskonvention über inklusive Bildung möglich und legitim sind. Danach entfaltet er solche Aspekte biblisch-christlicher Anthropologie, die für ein inklusives Bildungsverständnis grundlegend erscheinen unter drei Leitgedanken: der Mensch als Gottes Ebenbild, der Mensch als fragmentarisches Geschöpf und der Mensch als ergänzungsbedürftiges und -fähiges Geschöpf. Einige Überlegungen zur Umsetzung von Inklusion im Bereich der öffentlichen Schulen runden den Beitrag ab. Die Hildesheimer Angewandte Erziehungswissenschaftlerin Prof.' Dr. Olga Graumann untersucht in ihrem praxisorientierten Beitrag „Offen und strukturiert unterrichten – ein Widerspruch?" die spannende Frage, ob Schülerinnen und Schüler am Besten in einem lehrerzentrierten Unterricht oder in einem Offenen Unterricht lernen. Ihre hilfreichen Ausführungen münden in die Definition von Offenem Unterricht als einem Unterricht, „der nicht in erster Linie offen ist in Bezug auf Ziele, Inhalte und Lehr-, Lernmittel, sondern offen ist gegenüber dem Kind". Der Züricher Religionspädagoge Prof. Dr. Thomas Schlag rückt in seinem Beitrag „Aufwachsen in Beziehungen" die Frage nach der Qualität evangelischer Schul-Bildung in den Mittelpunkt der Betrachtungen. Er nähert sich aus theologischer und religionspädagogischer Perspektive dem Begriff der *religious literacy* und benennt anschließend neun bedenkenswerte Standards eines Gesamtprofils evangelischer Schul-Bildung. Die Osnabrücker Religionspädagogin Prof. Dr. Elisabeth Naurath fragt in ihrem Beitrag mit dem Titel „Bibel und Bildung" nach der bildungstheoretischen Relevanz des so genannten „Buches der Bücher" und hebt als nachhaltigen Gewinn der Begegnung mit biblischen Texten unter anderen Selbstwahrnehmung und Selbstreflexion, Selbstdistanzierung und Pluralismusbefähigung sowie Selbsttätigkeit und Subjektwerdung hervor. Abschließend markiert sie wichtige bibeldidaktische Konkretionen im Jugendalter.

Die Lied-Meditation von Silke Krafft und Christine Tergau-Harms zu EG 567 „Aufgetan ist die Welt" rundet diesen Band zum Thema „Aufwachsen in Würde" kongenial ab, denn im Leitvers heißt es: „Du krönst uns mit Würde und Glanz"!

Die vorliegenden Beiträge in diesem Buch laden ein gelesen und gedeutet und in den Diskurs über Theorie und Praxis Evangelischer Schulen eingespeist zu werden. Den Autorinnen und Autoren sei herzlich für die Bereitstellung ihrer Beiträge gedankt, der Barbara-Schadeberg-Stiftung für den namhaften Druckkostenzuschuss, dem Verlag in Person von Melanie Völker für die reibungslose Zusammenarbeit, den Herausgebern der Reihe „Schule in evangelischer Trägerschaft" für die Aufnahme dieses Bandes und Martina Hanebeck für die sorgfältige Erstellung der Druckvorlage.

Erziehung zum Menschen – Aspekte der biblischen Anthropologie für schulisches Lernen[*]

Christina Hoegen-Rohls

Das Thema „Erziehung zum Menschen. Aspekte der biblischen Anthropologie für schulisches Lernen" möchte ich dergestalt entfalten, dass ich in einem ersten Schritt mit Hilfe der drei Fragen *Woher kommen wir? Was sind wir? Wohin gehen wir?* Grundzüge der biblischen Anthropologie nachzeichne, und zwar an exemplarisch ausgewählten Texten aus dem Alten und Neuen Testament. In einem zweiten Schritt skizziere ich eine Möglichkeit der reflektierten Umsetzung biblisch-anthropologischer Einsichten in ein protestantisch profiliertes Schulkonzept, wobei ich als Schulform das Gymnasium wähle.

1 Grundzüge der biblischen Anthropologie

1.1 Woher kommen wir? *(Textgrundlage: Gen 1,26-28.31)*

Beginnen wir mit einem Textbeispiel aus dem priesterlichen Lehrgedicht über die Schöpfung in Gen 1,1-2,4a, und zwar mit einem Ausschnitt aus der sechsten Strophe:

Gen 1,26-28.31 (Revidierte Lutherübersetzung 1984)

V26a:	*Und Gott sprach:*
	→ *Wortbericht 1*
V26b:	*Lasset uns <u>Menschen</u> (hebräisch: adam) machen,*
	→ *Schöpfungsbefehl (Selbstaufforderung Gottes)*
	ein Bild (hebräisch: zäläm), das uns gleich sei (hebräisch: demut),
	→ *<u>Schöpfungswerk</u>: Mensch als Gottes Ebenbild*
	die da herrschen über die Fische im Meer
	und über die Vögel unter dem Himmel

---

[*] Vortrag bei den Hildesheimer Barbara-Schadeberg-Vorlesungen im Oktober 2010.

und über das Vieh (...) und über alles Gewürm, das auf Erden kriecht.

V27a: **Und Gott schuf** den Menschen zu seinem Bilde,

→ **Vollzugsbericht**

zum Bilde Gottes schuf er ihn;

→ *in poetischer Form: Parallelismus membrorum*

und schuf sie als Mann und Frau.

V28a: **Und Gott segnete sie und sprach zu ihnen:**

→ **Wortbericht 2 als Segenssprechakt**

V28b: *Seid fruchtbar und mehret euch*

und füllet die Erde

und machet sie euch untertan

und herrschet über die Fische im Meer

und über die Vögel unter dem Himmel

und über das Vieh und über alles Getier, das auf Erden kriecht.

V31a: **Und Gott sah an alles**, was er gemacht hatte,

→ **Inspektionsbericht** *(Gesamtinspektion)*

V31b: **und siehe**, es war **sehr gut** *(hebräisch: tov meod).*

→ *Billigungsformel im Elativ (= abs. Superlativ), eingeleitet durch*

Aufmerksamkeitssignal

V31c: *Da ward aus Abend und Morgen* **der sechste Tag**.

→ **Tageszählung** *als Strophenabschluss (Refrain)*

Mit dem ersten ausgewählten Textbeispiel befinden wir uns im sog. „priester-schriftlichen Schöpfungsbericht" (P) der Bibel, der in seiner originalen hebräischen Sprachgestalt eine Verschmelzung von freier und gebundener Rede, von Poesie und Prosa darstellt. Es liegt uns hier nicht eigentlich ein gattungstypischer *Bericht* vor, sondern ein *Lehrgedicht*, das die Erschaffung der Welt durch Gott in sechs sehr ähnlich gebauten Strophen besingt. Eine siebte, anders gestaltete Strophe schließt sich an, die von Gottes Ruhe am siebten Tag handelt.

Wiederkehrende Formelemente der sechs ähnlich gebauten Strophen sind *erstens* der Wortbericht mit Schöpfungsbefehl und Angabe des Schöpfungswerkes; *zweitens* der Vollzugsbericht, der die Umsetzung des Schöpfungsbefehls protokolliert; *drittens* der Inspektionsbericht mit einer Billigungsformel und *viertens* die Tageszählung, die als Strophenabschluss und Refrain fungiert.

Mit Hilfe dieser textstrukturierenden Elemente werden in Gen 1,1-2,4a acht Schöpfungswerke auf sechs Schöpfungstage verteilt: am dritten und am sechsten Tag entsteht jeweils ein Doppelwerk. Auch die Erschaffung des Menschen am sechsten Schöpfungstag ist Teil eines solchen Doppelwerks. Die sechste Strophe schildert daher zunächst die Erschaffung der Landtiere, dann – in herausgehobener poetischer Gestaltung – die der Menschen. Drei wichtige formale und inhaltliche Besonderheiten stellt hier der zweite Wortbericht dar, der als Segenssprechakt gestaltet ist; sodann der Inspektionsbericht, der als Gesamtinspektion ausgewiesen wird; und die Billigungsformel im Elativ, die durch das sakralsprachliche Aufmerksamkeitssignal „siehe" eingeleitet wird. Jetzt, am Ende der sechs Schöpfungstage, nach Vollendung aller acht Schöpfungswerke, blickt Gott, der Herr, auf das Ganze seines Tuns zurück und bewertet es als „sehr gut", im Hebräischen: *tov meod*.

Was lernen wir aus dem priesterlichen Lehrgedicht und gerade seiner sechsten Strophe für unsere Frage nach der Herkunft des Menschen und seiner Würde?

Ein erstes: Der Mensch kommt her von einem Gott, der ihn für wert erachtet, ihn in eine klare kosmische Ordnung von Licht und Finsternis, Himmel und Erde, Tag und Nacht hineinzustellen, ihn einzubetten in eine von vielfachen Tierarten belebte Natur, in der ihm Pflanzen und Früchte als Nahrung zur Verfügung stehen, und ihn einzubinden in einen rhythmischen Wechsel von Schaffen und Ruhen.

Ein zweites: Die von Gott im Plural an sich selbst gerichtete Selbstaufforderung *Lasset uns Menschen machen* wird eingeleitet durch die Redeeinleitungsformel *Und Gott sprach*. Das ist durchaus bemerkenswert: Der Gott, von dem der Mensch herkommt, ist ein sprechender Gott, will dieser Text sagen. Gottes Schöpfersein besteht nicht zuletzt in der Kraft seines Redens, in der Kraft seines Wortes, das göttlichen Willen ausspricht und verwirklicht: *Es werde Licht! – Und es ward Licht*. Wenn unser Text im zweiten Wortbericht die Redeeinleitungswendung *Und Gott sprach* verbindet mit der Segensformel *Und Gott segnete sie*, so signalisiert er uns, dass Gottes Sprechen ein Akt des Segnens ist. Der Mensch kommt her von einem Gott, der ihn für wert erachtet, seinen Segen zu empfangen. Dabei konnotiert „Segnen" im biblischen Sprachgebrauch nicht nur das Übertragen von Fülle und Gelingen, sondern auch das Anerkennen eines Hoheitsanspruchs: Der Mensch kommt her von einem Gott, der ihm Würde und Hoheit verleiht und sich bereit erklärt, diese Würde und Hoheit anzuerkennen.

Dieser Gedanke leitet über zu einer dritten Beobachtung: Der Mensch kommt her von einem Gott, der ihn für würdig hält, sein Bild zu sein, ihm „gleich", wie Luther das hebräische *demut* („ähnlich") übersetzt hat. Die beiden hebräischen Ausdrücke *zäläm* und *demut* formulieren den Gedanken der Gottebenbildlichkeit. *Zäläm* heißt wörtlich übersetzt „die Statue" und meint die Funktion, das plastisch Dargestellte nicht nur sichtbar zu machen, sondern auch machtvoll zu repräsentieren. Unser Text spricht dem Menschen die Würde zu, „Statue Gottes" zu sein, plastisches Zeichen der Gottespräsenz im geschaffenen Kosmos. Dabei impliziert das Wort im Hebräischen interessanterweise semantisch nicht, dass eine solche Statue dem, für den sie Zeichen ist und den sie repräsentiert, dem Aussehen nach gleich

oder ähnlich sei. Es geht daher nicht um ein „Ähnlichkeitsbild" im Sinne eines
Porträts, sondern um ein „Repräsentationsbild". Das Motiv der Gottebenbildlichkeit wird also von der hebräischen Bibel nicht eigentlich ontologisch als naturhafte
Qualität des Menschen aufgefasst, sondern funktional im Sinne einer Rollencharak-
teristik. Dabei ist das Motiv grundlegend relational geprägt: Es bringt die Beziehung zwischen Gott und seinem Menschen zum Ausdruck. Der Mensch kommt her
von einem Gott, der ihn für wert hält, sein Repräsentant zu sein, sein Partner.

1.2   Was sind wir? *(Textgrundlage: Ps 8,2a.4-10; Ps 144,3f; Gen 2,7)*

Eine reichhaltige Quelle für unsere zweite Frage stellen die alttestamentlichen
Psalmen dar. Die Frage *Was sind wir?* wird hier in Form der Frage *Was ist der
Mensch?* ausdrücklich gestellt. Das zeigen die in den nächsten Textbeispielen no-
tierten Verse aus Ps 8 und Ps 144:

Aus dem Schöpfungshymnus Ps 8,2a.4-10 *(Revidierte Lutherübersetzung 1984)*

V2a:	*Herr, unser Herrscher, wie herrlich ist dein Name in allen Landen!*
	→ *Hymnischer Lobpreis Gottes*
V4a:	*Wenn ich sehe die Himmel, deiner Finger Werk,*
V4b:	*den Mond und die Sterne, die du bereitet hast:*
V5a:	*Was ist der Mensch, daß du seiner gedenkst,*
	→ *Frage des Menschen nach sich selbst in Form des Staunens*
V5b:	*und des Menschen Kind, daß du dich seiner annimmst?*
V6a:	*Du hast ihn wenig niedriger gemacht als Gott,*
	→ *Funktionale „Royalisierung" des Menschen:*
V6b:	*mit Ehre und Herrlichkeit hast du ihn gekrönt.*
	→ * *Der Mensch als gekrönter König*
V7a:	*Du hast ihn zum Herrn gemacht über deiner Hände Werk,*
	→ * *Der Mensch als Herrscher über Gottes Schöpfungswerk*
V7b:	*alles hast du unter seine Füße getan:*
V8a:	*Schafe und Rinder allzumal,*
V8b:	*dazu auch die wilden Tiere,*
V9a:	*die Vögel unter dem Himmel und die Fische im Meer (vgl. Gen 1,26b)*
V9b:	*und alles, was die Meere durchzieht.*
V10:	*Herr, unser Herrscher, wie herrlich ist dein Name in allen Landen!*
	→ *Hymnischer Lobpreis Gottes*

Eingebettet in den umrahmenden hymnischen Lobpreis Gottes, fragt sich der Beter
in Ps 8 angesichts des unermesslich weiten Himmels, wie denn dem Menschen in

seiner Winzigkeit die Würde eines gekrönten Königs zukommen könne. In der Haltung emphatischen Staunens stellt er fest, dass er in seiner ganzen Niedrigkeit doch wenig „niedriger" als Gott ist, der ihn dazu bestimmt hat, Herrscher zu sein über das göttliche Schöpfungswerk. Wir erkennen in solcher „funktionalen Royalisierung" den Gedanken des priesterlichen Lehrgedichtes wieder, dass dem Menschen die Würde zukommt, Gottes Repräsentant zu sein. Ja: Der Mensch ist als König in die Schöpfung gestellt. Er ist mit habituellen Würden ausgezeichnet, die Herrschaft und Verantwortung implizieren.

In Ps 144, einem Gebetslied, hingegen erklingt in ganz anderem Ton eine erschütternde, an Gott gerichtete Klage, in der sich der Beter seiner eigenen Nichtigkeit, seiner Begrenztheit und Vergänglichkeit, bewusst wird:

Aus dem Gebetslied Ps 144,3-4 *(Revidierte Lutherübersetzung 1984)*

V3a:	*Herr, **was ist der Mensch**, daß du dich seiner annimmst,*
V3b:	*und des Menschen Kind, daß du ihn so beachtest?*
V4a:	***Ist doch der Mensch gleich wie nichts;***
	→ Frage des Menschen nach sich selbst in Form einer Vergänglichkeitsklage
V4b:	***seine Zeit fährt dahin wie ein Schatten.***

Was also ist der Mensch? *Was sind wir?* Der Mensch ist derjenige, den Gott in Anspruch nimmt, auf Erden seine Welt zu verwalten und zu versorgen und der ihn dafür mit seiner göttlichen Gestaltungsmacht und Gestaltungsfülle ausstattet. Doch eben dieser Mensch „gleicht einem Hauch", er stößt an die Grenze seiner Endlichkeit. Er ist daher auch das schutzbedürftige Wesen, das auf Gottes Zuwendung und Nähe angewiesen ist. Die ganze Ambivalenz menschlicher Geschöpflichkeit spiegelt sich in der Spannung dieser beiden Pole: Königswürde auf der einen Seite, Vergänglichkeit auf der anderen Seite.

Wir entdecken diese Ambivalenz wieder, wenn wir unseren Blick weiterlenken zu dem zweiten, nichtpriesterlichen Schöpfungsbericht der Bibel, der vermutlich älteres, urtümlicheres Material als das priesterliche Lehrgedicht verarbeitet und dieses in eine archaische Erzählung kleidet, die uns aus der Lutherbibel als „Paradieserzählung" vertraut ist (Gen 2,4b-25). Hier heißt es:

2,7a:	***Da machte Gott der Herr den Menschen*** *(hebräisch: adam)* ***aus Erde vom Acker*** *(hebräisch: adama)*
2,7b:	*und **blies ihm den Odem des Lebens in seine Nase.***
2,7c:	*Und so ward der Mensch **ein lebendiges Wesen** (hebräisch: **näfäsch chajah**).*
	→ Zentralbegriff biblischer Anthropologie

Der Mensch, oder – als Kollektivausdruck – die Menschheit (hebräisch: *adam),* wird hier von Gott handwerklich aus Ackerstaub (hebräisch: *adama)* plastisch geformt und daraufhin dadurch belebt, dass ihm Lebensodem, Leben schaffender Atem eingehaucht wird. Dank dieser göttlichen Beatmung wird der Mensch zum lebendigen Wesen, zur *näfäsch chaja.*

Auf die Frage *Was sind wir?* gibt die Schöpfungserzählung in Gen 2,4b-25, die im Laufe der Zeit mit dem Schöpfungsgedicht aus Gen 1,1-2,4a literarisch zusammengewachsen ist, zur Antwort: Der Mensch ist ein von Gott belebtes Wesen. Was impliziert diese Aussage?

Ein erstes: *Näfäsch* ist ein Zentralbegriff biblischer Anthropologie. Die Texte, in denen er auftaucht, schildern uns, dass diese *näfäsch* Hunger hat und Durst, dass sie verschmachten kann und austrocknen, dass sie satt werden kann und erfüllt. Die Topik im Umkreis von *näfäsch* zeigt, dass mit diesem Ausdruck von der Kehle die Rede ist, vom Hals, vom Schlund, vom Rachen. Der ganze orale Bereich des Menschen kann mit *näfäsch* bezeichnet werden, *näfäsch* ist Organ der Nahrungsaufnahme (Speiseröhre) ebenso wie Organ des Atmens (Luftröhre), Sitz also der elementarsten Lebensbedürfnisse und Lebensäußerungen.

Ein zweites: Wenn unser Text sagt, der Mensch sei durch Gottes Odem eine lebendige *näfäsch* geworden, so wird deutlich, dass nicht *ein Teil*, sondern der Mensch *als Ganzer näfäsch* ist. *Näfäsch* meint daher nicht nur die anatomisch klar zu lokalisierende Kehle, sondern auch das personale Zentrum des Menschen, seine „Seele" könnten wir sagen, sein „Gemüt", in dem sich Fühlen und Denken zu einem tieferen Wissen verbinden. *Näfäsch* charakterisiert den Menschen in seiner psychophysischen Ganzheitlichkeit: fühlend, denkend und wollend. *Näfäsch* – Kehle, Seele – steht somit auch für die besonders gefährdete Seite des Menschen: Wird die Kehle durchschnitten, so ist der Mensch tot; ist die Seele verletzt, so stockt dem Menschen der Atem. Der Mensch, den Gott geschaffen hat, ist als *näfäsch* ein Verletzlicher, ein Sterblicher, ein Endlicher – genau so, wie wir ihn in Ps 144 kennengelernt haben.

Ein drittes: Der Mensch als *näfäsch* – Kehle, Seele – ist aber auch der, der in besonderer Weise dazu geeignet ist, eben dem sprechenden Gott redend, kommunizierend zu begegnen: Die Kehle ist jener Bereich des Menschen, aus dem seine Stimme dringt; mit ganzer Seele und ganzem Gemüt sucht der Mensch Gott, und die Seele ist es auch, die sich aufschwingt, um Gott zu loben. Das zeigen erneut in besonderer Weise die Psalmen: *Lobe den Herrn, meine näfäsch (Seele), und was in mir ist seinen heiligen Namen,* heißt es etwa in Ps 103, 1. Und mit derselben Selbstaufforderung *Lobe den Herrn, meine näfäsch (Seele)* beginnt auch der große Schöpfungspsalm 104.

Was sind wir? Durch den Zentralbegrifff der *näfäsch* markiert die Bibel die anthropologische Spannung zwischen Hoheit und Niedrigkeit, zwischen Gottgleichheit (Gottebenbildlichkeit) und Gottunterschiedenheit des Menschen. Der Mensch ist begrenzt und bedingt, er ist existentiell angewiesen auf Gott, den Schöpfer, dem er sein Leben verdankt: Ohne den Atem Gottes ist der Mensch leblos, ohne göttlichen Atem existiert er nicht. Sofern ihn aber Gottes Atem erfüllt, ist er *näfäsch chaja*, ein lebendiges Wesen, das Anteil hat am göttlichen Leben und in den Dialog mit Gott einzutreten vermag. Hierin wiederum liegt seine besondere von Gott ihm verliehene Würde: Gesprächspartner Gottes zu sein.

1.3   Wohin gehen wir? *(Textgrundlage: aus Röm 6-8; 2 Kor 4-5; Joh 1;6;14-17)*

Um die dritte Frage *Wohin gehen wir?* aus der Perspektive biblischer Anthropologie zu beantworten, arbeiten wir mit ausgewählten Passagen aus den Paulusbriefen und dem Johannesevangelium, die ich zu „Patchworktexten" zusammengestellt habe. In beiden Patchworktexten greifen wir paulinische und johanneische Anthropologie *in nuce*.

Röm 6,4a:	*So sind wir ja **mit ihm begraben durch die Taufe in den Tod**,*
Röm 6,4b:	*damit, wie Christus auferweckt ist von den Toten durch die Herrlichkeit des Vaters, auch wir in einem neuen Leben wandeln.*
Röm 8,1:	*So gibt es nun **keine Verdammnis** für die, die in Jesus Christus sind.*
Röm 8,14:	*Denn welche der Geist Gottes treibt, die sind **Gottes Kinder**.*
Röm 8,32a:	*Der auch seinen eigenen Sohn nicht verschont hat, sondern ihn **für uns alle da hingegeben** –*
Röm 8,32b:	*wie sollte er uns mit ihm nicht alles schenken?*
2 Kor 5,17a:	*Ist einer **in Christus**, so ist er eine **neue Kreatur** (wörtlich kaine ktisis: neue Schöpfung).*
2 Kor 5,17b:	*Das Alte ist vergangen, siehe: Neues ist geworden.*
2 Kor 4,6a:	*Denn Gott, der sprach: Licht soll aus der Finsternis hervorleuchten, der hat einen hellen Schein in unsere Herzen gegeben,*
2 Kor 4,6b:	*daß durch uns entstünde die Erleuchtung zur Erkenntnis der Herrlichkeit Gottes in dem Angesicht Jesu Christi (,)*
2 Kor 4,4fin:	*welcher **ist das Ebenbild Gottes**.*
Röm 14,7:	*Darum **nehmt einander an**, wie Christus euch angenommen hat zu Gottes Lob.*

Nirgendwo in seinen Briefen spricht Paulus wörtlich von der „Würde des Menschen". Der Sache nach ist die Würde des Menschen jedoch stets im Blick: Die Würde des Menschen besteht für Paulus darin, dass Gott den Menschen für wert erachtet, von seinen Sünden erlöst, nicht der Verdammnis preisgegeben, sondern neu erschaffen zu werden, und zwar nach dem Angesicht Jesu Christi, der das Ebenbild Gottes ist.

Der Gedanke der in der Gottebenbildlichkeit wurzelnden Würde des Menschen, wie sie im priesterlichen Schöpfungsgedicht zum Ausdruck kam, wird bei Paulus also konsequent christologisch zugespitzt: Einzig Christus als der „neue Adam" ist Ebenbild Gottes. Der Mensch hingegen ist in seiner Beziehung zu Gott grundsätzlich Sünder. Von seinem Sündersein jedoch wird der Mensch dadurch erlöst, dass Jesus, obwohl völlig ohne Sünde, doch wie ein Sünder den Tod am Kreuz stirbt und damit stellvertretend alle menschliche Sünde auf sich nimmt und sühnt. In der Taufe, die Paulus als einen Todesritus versteht, vollzieht der Glaubende dieses Geschehen nach: In der Taufe wird der Mensch mit dem gekreuzigten Christus begraben. Dabei denkt Paulus den Menschen dichotomisch bzw. dualistisch: Er unterscheidet zwischen dem äußeren und dem inneren Menschen bzw. zwischen dem alten Menschen und dem, der durch den Glauben an Christus eine neue Schöpfung wird. Durch die Taufe in den Tod stirbt der „alte", der „äußere" Mensch; der „innere", der glaubende Mensch hingegen partizipiert an der durch Christi Auferweckung ermöglichten Neuheit des Lebens. So gewinnt der „innere" Mensch durch die Taufe die neue Richtung für das *Wohin* seines Lebens, das ihn ausgerichtet sein lässt auf Christus und auf seinen Nächsten.

Gehen wir von hier aus zuletzt noch weiter zum Johannesevangelium:

Joh 1,1a: *Im Anfang war das* **Wort** *(griechisch: der Logos),*

          → **Der Eingang des Johannesevangeliums:** *„Prolog", „Overtüre", „Hymnus";*

          formuliert im parallelismus membrorum.

Joh 1,1b: *und das Wort war bei Gott,*

Joh 1,1c: *und* **Gott** *war das Wort.*

Joh 1,14a: *Und das Wort ward* **Fleisch** *und wohnte unter uns*

          → **Das Bekenntnis der johanneischen Gemeinde**

Joh 1,14b: *und wir sahen seine* **Herrlichkeit,**

Joh 1,14c: *eine Herrlichkeit als des eingeborenen Sohnes vom Vater,*

Joh 1,14d: *voller Gnade und* **Wahrheit.**

Joh 6,68a: **Herr, wohin sollen wir gehen?**

          → **Die rhetorische Rückfrage des Petrus und seine Antwort**

Joh 6,68b: **Du hast Worte des ewigen Lebens.**

Joh 14,6a: **Ich bin der Weg** *und die Wahrheit und das Leben.*

→ *Eines der „Ich-bin-Worte" Jesu*

Joh 16,13a: *Wenn aber jener, der Geist der Wahrheit, kommen wird,*

→ *Eine der Geistverheißungen aus den Abschiedsreden (Joh 13-16)*

Joh 16,13b: **wird er euch in alle Wahrheit leiten.**

Joh 17,17a: *Heilige sie in der Wahrheit;*

→ *Eine der an den Vater gerichteten Bitten Jesu aus dem Abschiedsgebet (Joh 17)*

Joh 17,17b: **dein Wort ist die Wahrheit.**

Im Wort Gottes selbst, den der kunstvoll gestaltete Eingangsabschnitt des Johannesevangeliums hymnisch besingt, liegt für die hochkomplexe johanneische Theologie die Antwort auf die Frage *Wohin gehen wir?* Petrus stellt diese Frage in der rhetorischen Frageform *Herr, wohin sollen wir gehen?* und beantwortet sie zugleich ganz im Sinne des Bekenntnisses der johanneischen Gemeinde: nirgendwo anders hin als zu dem, der das fleischgewordene Wort Gottes ist und Worte des ewigen Lebens bereithält. Die Theologie des Johannesevangeliums lebt davon, dass Jesus als das fleischgewordene Wort Gottes, als der inkarnierte Logos, Gott und seine Herrlichkeit offenbart, zur Erkenntnis Gottes führt und göttliche Wahrheit zur Erscheinung bringt, ja göttliches Leben verkörpert. Deshalb kann das Johannesevangelium Jesus in der besonderen Sprachform der Ich-bin-Worte sagen lassen: *Ich bin der Weg und die Wahrheit und das Leben* (Joh 14,6). Der menschgewordene Gott ist demnach Inbegriff, Motor und Ziel des *Wohin* menschlichen Lebens. Nach Jesu Abschied aus der Welt ist es der heilige Geist, der „Geist der Wahrheit", der die Menschen zur Erkenntnis Gottes führt. Und diese Erkenntnis bedeutet für den Menschen das ewige, das eigentliche Leben.

Wohin gehen wir? Die besondere Würde des Menschen liegt für das Johannesevangelium darin, dass dem Menschen zugetraut wird, den Weg zur Gotteserkenntnis zu gehen. Der Mensch wird für wert erachtet, in die göttliche Wahrheit einzudringen, ja an ihr selbst teilzuhaben, in ihr „geheiligt", durch sie ausgezeichnet zu werden. Dem Menschen kommt damit die einzigartige Würde zu, das göttliche Wort zu verstehen und weiterzugeben. Dem Menschen wird zugetraut, die Offenbarung Gottes in Kontinuität zur Offenbarerfunktion des Logos mit Hilfe des göttlichen Geistes lebendig zu halten und fortzusetzen. Die menschliche Würde der Gottebenbildlichkeit wird vom Johannesevangelium her als ein Gedanke greifbar, der den Menschen dazu bestimmt sieht, Gottes Offenbarung in der Welt zu bewahren und zu verwirklichen.

2   Konzeptskizze für ein protestantisch profiliertes Gymnasium auf der Basis biblisch-anthropologischer Einsichten

2.1   Die Haltung des Fragens als Grundhaltung des Lehrens und Lernens

Ein pädagogisch-theologisch begründetes Konzept für ein Evangelisches Gymnasium sollte reflektiert verankert sein in der Einsicht, dass es zum Menschsein des Menschen gehört, dass er sich selbst zur Frage wird: *Was ist der Mensch?* (vgl. Ps 8,5a; Ps 144,3a). Eben diese Frage sollte uns beim erzieherischen Umgang mit unseren Schülerinnen und Schülern, aber auch bei der Reflexion auf unsere Rolle als Lehrende und Erziehende immer vor Augen stehen. Eingebettet in ihren biblischen Kontext – die Psalmen – verweist die Frage *Was ist der Mensch?* auf die beiden grundlegenden Pole, in deren Spannungsfeld sich die biblische Anthropologie bewegt: In Ps 8 fragt sich der Beter, emphatisch staunend, angesichts der unermesslichen Weite des Himmels, wie denn dem Menschen in seiner Winzigkeit die Würde eines gekrönten Königs zukommen könne. Und in Ps 144 erklingt erschüttert die Klage, in der sich der Beter seiner eigenen Vergänglichkeit bewusst wird. Königswürde auf der einen Seite, Vergänglichkeit auf der anderen Seite markieren die ambivalente Spannung der Geschöpflichkeit des Menschen. Ein protestantisch profiliertes Gymnasium sollte sich nicht scheuen, diese Ambivalenz zu bedenken und zur Grundlage seines Menschenbildes wie seines pädagogischen Handelns zu machen.

Ausgehend von der anthropologischen Grundfrage *Was ist der Mensch?*, wie sie die Bibel auch außerhalb der Psalmen in vielfacher Weise formuliert, kann im schulischen Alltag die *Frage überhaupt* als Grundhaltung pädagogischen Handelns in das Bewusstsein der Lehrenden/Erziehenden und als Grundhaltung schulischen Lernens in das Bewusstsein der Lernenden/zu Erziehenden gerufen werden. Die Kompetenz des Fragens vertieft im Lehr- und Lernprozess nicht nur zu vermittelnden und zu lernenden Stoff, sondern begründet auch eine grundlegende Haltung der Offenheit, der Neugier und des Respekts, wie wir sie im Verhältnis zwischen Lehrenden und Lernenden dringend benötigen. Das Fragenkönnen als eine menschliche Grundkompetenz bleibt für die Lernenden relevant, wenn es in ihren künftigen Berufsfeldern darum gehen wird, Menschen zu bilden und auszubilden, seelsorgerlich zu begleiten und in ihren Lebensgeschichten zu verstehen, gedanklich herauszufordern und zu inspirieren – sei es in der Schule, in der Kirche, in der Erwachsenenbildung, in der Medienwelt oder an welchem Platz der Gesellschaft auch immer.

Fragen zu lehren und fragen zu lernen sollte daher ein erklärtes Ziel eines protestantisch profilierten Gymnasiums sein. Lehrerinnen und Lehrer, Schülerinnen und Schüler sollen sich gerade angesichts des Fragens gemeinsam verstehen lernen als lebenslang Lernende. Zu empfehlen wäre, dass die Schulleitung hier als Vorbild fungiert, indem sie sich in persönlichen Gesprächen und in regelmäßigen Gesprächsrunden Zeit dafür nimmt, Fragen zu hören und auf Fragen zu antworten, aber auch selbst Fragen zu stellen und zu Fragen anzuregen. Ein protestantisch profiliertes Gymnasium sollte sich in der Kunst des Fragens üben und damit eine *Kultur des Fragens* pflegen: Nur wenn wir fragen, lernen wir. Nur wenn wir fragen, leben wir.

2.2   *Woher kommen wir? Was sind wir? Wohin gehen wir?*
Stoffakzentuierung im Horizont christlicher Tradition

Die Fragen *Woher kommen wir? Was sind wir? Wohin gehen wir?* formulieren Grundfragen der Anthropologie, und zwar insofern, als zu allen Zeiten und an allen Orten Menschen in dieser oder ähnlicher Art nach sich gefragt haben. Ein vermutlich aus dem zweiten nachchristlichen Jahrhundert stammender Text etwa, der dem Gnostiker Valentin zugeschrieben wird, wirft acht solcher Grundfragen auf. Sie lauten: Wer waren wir? Was sind wir geworden? Wo waren wir? Wohin sind wir geworfen? Wohin eilen wir? Wovon sind wir befreit? Was ist Geburt? Was ist Wiedergeburt?

All diese Fragen zeigen, *wie* der Mensch nach sich fragt und *wonach* er fragt, wenn er eine Antwort auf sich selbst sucht: Er fragt nach seiner *individuellen* Herkunft, die ihn zurückführt zu seiner Geburt, zu seinen elterlichen Wurzeln. Er fragt nach seiner *kollektiven* Herkunft, der Herkunft jener Gattung, der er angehört. Er fragt nach dem Urgrund seines Seins und dem Ziel seiner Existenz. Er fragt nach seinem Wesen, nach seinem Wert, nach seiner Würde. Und er nimmt, indem er danach fragt, die Unverfügbarkeit des menschlichen Lebens wahr, stellt also eine im tiefsten Sinne religiöse Frage: die Frage nach *re-ligio*, nach der Rück-Bindung des Menschen an einen nicht in ihm selbst zu findenden Grund. Bereits Kinder im Alter von fünf bis sechs Jahren, so hat Rolf Oerter in seinem klassischen Werk zur modernen Entwicklungspsychologie dargelegt, fragen, wenn sie sich ihrer zeitlich abgegrenzten Existenz bewusst werden, nach dem *Woher* und dem *Wohin* des menschlichen Lebens. Diese Fragen gehören ganz wesentlich zum Menschen. Grundfragen sind sie daher auch insofern, als sie nicht *nicht* gestellt werden können, wenn nicht der Mensch an seinem Wesen vorbeizielen will. Die Vernachlässigung dieser Fragen oder gar der Verzicht auf diese Fragen würde, um mit Hans-Jürgen Fraas zu sprechen, „eine Verarmung des Humanum nach sich ziehen".[1]

---

1   Hans-Jürgen Fraas, Bildung und Menschenbild in theologischer Perspektive, Göttingen 2000, 202.

Ein protestantisch profiliertes Gymnasium sollte die Chance nutzen, eben dieses Humanum in besonderer Weise im schulischen Alltag und in der reflektierten Selektion der Unterrichtsgegenstände zur Geltung zu bringen. Das heißt: Aus den von den Lehrplänen vorgegebenen Stoffen sollten selbstbewusst diejenigen ausgewählt und vertieft werden, die der grundlegenden Frage nach dem Menschen und der kulturellen und religiösen Tradition des (evangelischen) Christentums nachgehen. In differenzierter und theologisch reflektierter Weise kann dabei den grundlegenden Fragen Raum gegeben werden:

Woher kommen wir?

Woher kommt der Mensch, wo liegen seine menschheitsgeschichtlichen, seine kulturgeschichtlichen, seine religionsgeschichtlichen Wurzeln? Wo liegen die Anfänge des Christentums, wie ist es im Judentum verwurzelt, welche Einflüsse aus der hellenistisch-römischen Antike haben zu Wesen und Gestalt des Christentums beigetragen? Wie geht ein Christ heute mit den Traditionen um, die ihn familiär, kulturell, gesellschaftlich prägen? Wo liegen die Wurzeln des Protestantismus? Welche zeit- und kirchengeschichtlichen Faktoren führten zur Reformation? Wie verhält sich ein evangelischer Christ zur Tradition des Katholizismus?

Was sind wir?

Was macht den Menschen aus, worin besteht seine Einzigartigkeit und seine Würde? Wie verhält sich der Mensch zu seiner Geschöpflichkeit und zu seinem Schöpfer? Wie verhält er sich zu seinem Auftrag, im Sinne seiner Ebenbildlichkeit Repräsentant Gottes in der Welt zu sein? Was folgt für den Menschen aus der Einsicht in seine Endlichkeit? Wie verändert ihn der Glaube an die Überwindung des Todes durch Christus? Wie verhält sich der einzelne Mensch zu seinem Mitmenschen? Was bedeutet es ihm, zu lieben und geliebt zu werden? Wie verhält er sich zu Menschen anderer, fremder Kulturkreise? Wie verhält er sich zur Natur und zu den Tieren als seinen Mitgeschöpfen? Welche Gaben und Talente sind ihm geschenkt? Wie kann er sie für sich und das Gemeinwesen fruchtbar machen?

Wohin gehen wir?

Auf welches Ziel geht der Mensch zu? Worin liegt seine Bestimmung und seine Erfüllung? Welche Wünsche, welche Sehnsüchte, welche Hoffnungen hegt er für sich und die gesamte Schöpfung? Wie kann er das Vertrauen finden, dass sein Leben einen unschätzbaren Wert und einen Sinn hat, der nicht verlorengeht? Diese Fragen können besonders im Religionsunterricht, verstanden als einer „theologischen Werkstatt", gestellt und bedacht werden. Sie sollten aber auch fächerübergreifend durch die jeweilige Stoffakzentuierung der unterschiedlichen Fächer Resonanz finden und dabei sicheres Wissen und kritisches Problembewusstsein vermitteln im Blick auf die christlichen Traditionen. Das gelingt vor allem im Geschichtsunterricht, im altsprachlichen Unterricht sowie im Deutschunterricht, im Wahlfach Philosophie und in den musischen Fächern Kunst und Musik. Aber auch im Mathematikunterricht, im naturkundlichen Unterricht, in der Sozialkunde und im Sport können – geisteswissenschaftlich reflektiert – Akzente gesetzt werden, die der Frage nach dem Humanum und dem spezifischen Beitrag der christlichen Tradition Geltung verschaffen.

Außer im Fächerkanon können die Fragen nach dem Menschen und seiner Prägung durch die christliche Tradition – explizit und implizit – Hintergrund und Gegenstand zahlreicher Schulveranstaltungen sein: der Schulgottesdienste und -feste im Zyklus des Kirchenjahres, der Schulkonzerte eines Schulorchesters und Schulchores, der Literaturabende einer Lektüre- und Rezitationsgruppe, der Eltern- und Elternbeiratsabende, der Schülermitverantwortungstage und der Tage der offenen Tür.

2.3 Leiblichkeit, Sozialität, Religiosität: Zum geistlich-pädagogischen Profil eines protestantisch profilierten Gymnasiums

Der Dreischritt der Fragen *Woher kommen wir? Was sind wir? Wohin gehen wir?* folgt dem Titel eines Gemäldes von Paul Gauguin (1848-1903) aus der Sammlung Tompkins, das sich im Museum of Fine Arts in Boston findet: Ein großes, monumentales Bild, dessen Maße Gauguin selbst mit 4 Metern 50 Breite und 1 Meter 70 Höhe angibt. Gauguin hat dieses Bild im Jahre 1897 gemalt, fernab von seiner Geburtsstadt Paris auf der Südsee-Insel Tahiti, kurz vor seinem aus Trauer über den Tod seiner Tochter unternommenen, aber missglückten Selbstmordversuch. Das Bild sollte, so hatte es der Maler geplant, sein letztes Bild, sein malerisches Testament werden, bewusst zurückblickend auf das Ganze des menschlichen Lebens von der Geburt bis zum Tod und darüber hinaus. Was ist auf diesem Bild zu sehen?

Menschen beleben das Bild, wandeln und lagern am Ufer eines Baches im Gehölz, sie werden in verschiedenen Gruppierungen oder einzeln dargestellt, es ergibt sich von dem in einer Frauengruppe geborgenen Säugling rechts unten im Bild über enger oder locker gefügte Menschengruppen in der Bildmitte bis hin zur Trias Mädchen, junge Frau, Alte links im Bild eine Darstellung der menschlichen Lebensphasen und Lebensalter. All diese Szenen des Menschlichen spielen in einer blau und veronesegrün getönten Baumlandschaft, die durchaus an *gad-eden*, den biblischen Garten Eden, den paradiesischen Baumgarten der Genesis, denken lässt. Die Dimension des Göttlichen lässt sich assoziieren angesichts eines himmelblauen Götzenstandbilds, das in einer gegenüber der Menschenwelt etwas zurückgesetzten Bildebene eine Art Hintergrunddimension des menschlichen Lebens einzublenden scheint – eine Dimension, die dem menschlichen Leben erst seine Tiefenschärfe gibt. Gauguin selbst hat diese Götzenfigur als Verweis auf das Jenseits verstanden, als Transzendenz-Symbol, und zu seinem Gemälde notiert: „Ich habe eine philosophische Arbeit (...) gemalt, die mit dem Evangelium vergleichbar ist" (Brief an Daniel des Monfreid vom Februar 1898).

Drei wesentliche Aspekte des nach sich selbst fragenden Menschen illustriert das Bild in seiner Farbigkeit, seiner Formgebung und seiner Komposition: den Aspekt der Leiblichkeit, den Aspekt der Sozialität und den Aspekt der Transzendentalität bzw. Religiosität. Diese Aspekte lassen sich im Blick auf das geistliche und pädagogische Schulprofil eines protestantisch profilierten Gymnasiums in vielfacher Weise konkretisieren:

Leiblichkeit

Im Sinne des Leitbildes der psychophysischen Ganzheitlichkeit (*näfäsch*) fördert ein protestantisch profiliertes Gymnasium etwa

– die gesunde Entwicklung des Atems als dem grundlegenden Element der Leiblichkeit durch eine qualifizierte Stimm- und Sprechausbildung/Rhetorik, durch die Pflege des gemeinsamen Singens, u.a. im Schulchor, durch die Einrichtung eines Bläserensembles;

– einen qualifizierten und sensiblen Sportunterricht, der die Freude an der physischen Leistungskraft betont und zugleich das Bewusstsein für körperliche Grenzen schafft;

– einen qualifizierten Musikunterricht und die Einrichtung eines Schulorchesters, in dem Schüler, Lehrer, Eltern gemeinsam musizieren können;

– die Verbindung von Musik und Bewegung (klassisches Ballett, Ausdruckstanz, Standardtänze, Volkstanz), die das Bewusstsein für die Schönheit des Körpers, seiner Bewegungsmöglichkeiten und seiner rhythmische Ausgewogenheit stärkt;

– eine gepflegte körperliche Erscheinung und gepflegte Schulkleidung.

Sozialität

Im Sinne des Leitbildes der sozialen Kompetenz kann ein protestantisch profiliertes Gymnasium etwa die Aufgabe übernehmen

- für das gesellschaftliche Gemeinwesen (nicht eine Geistes- oder Finanzelite, wohl aber) eine „Persönlichkeitselite" heranzubilden: christlich und umfassend gebildete, gestaltungsfähige, verantwortungsbewusste, weltoffene junge Menschen, denen Herzensbildung ebenso vermittelt wird wie Humor im Sinne der Fähigkeit zur Selbstdistanznahme;

- Geistesströmungen der Zeit und gesellschaftliche Erscheinungsformen im Horizont der christlichen Tradition zu diskutieren, zu deuten und zu bewerten;

- Schüler, Lehrer und Eltern zum Gemeinschaftssinn zu erziehen und diesem ein kulturelles Forum zu bieten, z.b. in Form festlicher Schulereignisse.

Religiosität

Im Sinne des Leitbildes der religiösen Kompetenz kann ein protestantisch profiliertes Gymnasium etwa Wert legen auf

- einen starken Religionsunterricht, der religiöses und theologisches Wissen sowie religiöses und theologisches Problembewusstsein vermittelt;

- die Verbindung zwischen Schulgemeinde und Kirchengemeinde;

- die Ausgestaltung der Schulgottesdienste, orientiert am Zyklus des Kirchenjahres;

- auf die Ausgestaltung von Schulgottesdiensten zur sensiblen Wahrnehmung von Ritualen und Schwellen-Ritualen (Einschulungsgottesdienst, Gottesdienste zu Schuljahresbeginn und Schuljahresende, Gottesdienst im Kontext der Konfirmation, Gottesdienst im Kontext des Abiturs);

- die Wiederbelebung und Aktualisierung alter Traditionen wie der mittelalterlichen Weihnachts-, Passions- und Osterspiele;

- die Wiederbelebung und Aktualisierung des reformatorischen und barocken Schultheaters;

- die Einrichtung theologischer Fortbildungsveranstaltungen für die Lehrkräfte sowie ausgewählter Angebote zur Vertiefung und Reflexion der persönlichen Frömmigkeit;

- die Einrichtung künstlerischer Vortragsabende, die das christliche Profil unserer Kultur hervortreten lassen, sei es im Bereich der Bildenden Kunst, der Musik, der Literatur.

Geprägt von einem reflektierten Umgang der Lehrenden mit biblisch-anthropologischen Grundlagen, eröffnet sich unseren Schülerinnen und Schülern in der Situation schulischen Lernens *idealiter* die Möglichkeit, ihr Menschsein – im Sinne der in Gott gründenden Geschöpflichkeit, die Hoheit wie Niedrigkeit einschließt – einzuüben, im Schutzraum der Schulgemeinschaft zu erproben und außerhalb der Schule gestärkt zur Geltung zu bringen. Wenn wir dergestalt unsere Schülerinnen und Schüler – mit unserer Hilfe – sich selbst zu Menschen erziehen lassen, so wird ihnen ein Aufwachsen in Würde möglich sein, das sich lebenslang bewähren und vertiefen kann.

Kann das Evangelium junge Menschen fördern? Grundsätzliche religionspädagogische Überlegungen zur Begründung evangelischer Schulen[*]

Christian Grethlein

„Evangelium" ist zweifellos „eines der markanten Grundworte der christlichen Soteriologie ..." – so beginnt Michael Beintker einen einschlägigen Lexikonartikel.[1] Es ist ein genuin christlich-theologischer Begriff, der in das Zentrum christlicher Religion führt. Die mir vorgegebene Themenstellung setzt diese theologische Thematik in einen pädagogischen Zusammenhang; der Untertitel des Vortrags konkret in einen schulpädagogischen Kontext. Zugleich ist damit eine zentrale religionspädagogische Aufgabe gestellt. Denn Religionspädagogik muss sich gleichermaßen theologisch und pädagogisch verantworten lassen.[2]

Bei einem solchen grundsätzlichen Unternehmen droht die Gefahr blutleerer abstrakter Erörterung. Das verhindert jedoch der Untertitel. Denn der Hinweis auf die Begründung evangelischer Schulen ist eine praktische Erdung.

Ich versuche, dieser Konkretion zu folgen. Deshalb führe ich nicht mit allgemeinen Erwägungen in die Thematik ein, sondern gehe von diesbezüglich vorliegendem Material aus. Dabei bietet sich die 2008 erschienene Handreichung des Rates der EKD zu „Schulen in evangelischer Trägerschaft" als Grundlage an.[3] Sie gibt – verfasst unter Beteiligung der führenden Religionspädagogen auf diesem Gebiet, allen voran Martin Schreiner und Friedrich Schweitzer – eine bis dahin noch ausstehende pädagogisch und theologisch fundierte Orientierung zu den Evangelischen Schulen.

Tatsächlich wird hier mehrfach auf „Evangelium" explizit Bezug genommen. Leider fehlt jedoch eine Erläuterung dieses Begriffs. Zudem ergibt ein Vergleich der expliziten Nennungen in der Handreichung Anfragen an die Konsistenz des Verständnisses von „Evangelium". Da es sich hier aber um einen unverzichtbaren

---

[*] Vortrag bei den Hildesheimer Barbara-Schadeberg-Vorlesungen im Oktober 2010.

[1] Michael Beintker, Evangelium III. Dogmatisch, in: ⁴RGG 2 (1999), 1741f., 1741.

[2] S. Christian Grethlein, Religionspädagogik, Berlin 1998, 1-214.

[3] Kirchenamt der EKD (Hg.), Schulen in evangelischer Trägerschaft. Selbstverständnis, Leistungsfähigkeit und Perspektiven. Eine Handreichung des Rates der Evangelischen Kirche in Deutschland (EKD), Gütersloh 2008. Im Folgenden belege ich Zitate und Bezüge auf dieses Buch nur durch in Klammern gesetzte Angaben der Seitenzahl.

Begriff für die Begründung Evangelischer Schulen handelt, versuche ich in einem zweiten Schritt, „Evangelium" genauer inhaltlich zu bestimmen. Von da aus kehre ich dann zur pädagogischen Aufgabe zurück und überlege, welche Bedeutung „Evangelium" für die Förderung junger Menschen haben kann. Schließlich komme ich von dort auf die Begründung von Schulen in evangelischer Trägerschaft zurück, die dann präzisiert werden kann.

1   „Evangelium" – in der EKD-Handreichung

Die Handreichung der EKD beginnt programmatisch mit zehn Thesen. Die ersten vier sind dabei bildungspolitischen und (schul)pädagogischen Fragen gewidmet. Das entspricht dem vom damaligen Ratsvorsitzenden der EKD, Wolfgang Huber, in seinem Vorwort formulierten Anliegen des Textes, „die Stellung evangelischer Schulen als Teil des öffentlichen Bildungssystems" (7) zu verdeutlichen.

In der 5. These, die als erste theologisch-inhaltliche Ausführungen macht und Evangelische Schulen als „Orte des Glaubens" vorstellt, wird erstmals „Evangelium" erwähnt. Hier heißt es: „Evangelische Schulen sollten sich als Orte für Erfahrungen mit dem christlichen Glauben verstehen und deshalb Schülerinnen und Schüler solche Erfahrungen bewusst ermöglichen – durch die Begegnung mit dem Evangelium selbst, aber auch mit Menschen, die für ihren Glauben einstehen, mit einer entsprechenden Lebensgestaltung sowie einer geistlichen Dimension, die im Alltag der Schule ebenso zu spüren ist wie bei speziellen liturgischen Angeboten und Übungen". (23) Diese Anregung impliziert eine sachlich schwierige Trennung: auf der einen Seite steht „Evangelium", auf der anderen Seite glaubende Menschen. „Evangelium" scheint demnach etwas außerhalb personaler Kommunikation Liegendes zu sein.

In den Ausführungen des Dokuments zu „Selbstverständnis und Anspruch" Evangelischer Schulen heißt es dann: Die tiefste Gemeinsamkeit aller Schulen in evangelischer Trägerschaft erwächst aus dem gemeinsamen Bezug auf das *„Evangelium als Grundlage des Glaubens und Lebens"* (38; Kursivdruck im Original). Aus der Parataxe im ersten Zitat – Evangelium und Glaubende – ist hier eine Über- und Unterordnung geworden. Dabei treten an die Stelle von Menschen die Abstrakta „Glauben" und „Leben".

Auf jeden Fall wird aber eindeutig markiert, dass „Evangelium" ein für das Selbstverständnis Evangelischer Schulen grundlegender Begriff ist. Dies wird dadurch bestätigt, dass z.B. bei Überlegungen zur Evaluation Evangelischer Schulen – durchaus im Gegenüber zu staatlichen Schulen – der „Bezug auf das Evangelium" ausdrücklich genannt wird (64). Auch gilt für „Schulen in evangelischer Trägerschaft ... eine vom Evangelium ausgehende pädagogische Grundlegung (als) konstitutiv" (70).

Schließlich taucht „Evangelium" auf, wenn die „Motive evangelischer Bildungsverantwortung" dargelegt werden. Hier heißt es: „Evangelische Schulen stellen immer auch eine Form der *Verkündigung* dar. Sie eröffnen Kindern, Jugendlichen und Erwachsenen Möglichkeiten, dem Evangelium zu begegnen." (81; Kursivdruck im Original) Merkwürdigerweise geht der Text anschließend – unter syntaktischer Abgrenzung mit „schließlich" – auf „das Motiv der Diakonie" ein. Demnach handelt es sich bei Diakonie um etwas Anderes als das Evangelium. Spätestens jetzt wird deutlich, dass es wichtig ist, genauer theologisch den Begriff „Evangelium" zu klären.

Dies erscheint mir auch noch aus einem weiteren Grund unerlässlich. Konnte in den meisten Regionen Deutschlands bis in die zweite Hälfte des 20. Jahrhunderts davon ausgegangen werden, dass das „Christliche" lebensweltlich als selbstverständlich erschien und so weitgehend mit „religiös" gleichgesetzt wurde, hat sich dies verändert. Religiöser Pluralismus diesseits und jenseits der Kirchen und des Christentums ist heute offenkundig; pädagogisch entsteht dadurch verstärkter Orientierungsbedarf. Früher selbstverständliche erscheinende Begriffe, wie z.b. Evangelium, bedürfen heute der Klärung und Erläuterung.[4]

2 Evangelium – theologisch

Die Komplexität des Begriffs Evangelium erfordert einen mehrperspektivischen Zugang, um zu einem inhaltlich differenzierteren Verständnis als in der besprochenen Handreichung zu kommen. Dabei nähere ich mich dem Begriff von außen, in einem medientheoretischen und einem kommunikationstheoretischen Zugang, bevor ich eine theologische, genauer eine dogmatische und schließlich eine biblisch-theologische Bestimmung versuche.

Medientheoretisch[5] gesehen begegnen bereits im Neuen Testament zwei Verständnisse von „Evangelium". Zum einen bezeichnet vor allem in den ältesten Schriften des Neuen Testaments, den paulinischen Briefe, „Evangelium" ein Übertragungsmedium. Übertragungsmedien dienen primär dazu, um Distanzprobleme zu über-

---

4 Ob das tatsächlich zu der „Profilschärfung" beiträgt, die in der Handreichung und zahlreichen anderen unter dem Ratsvorsitz Wolfgang Hubers verabschiedeten EKD-Texten angestrebt wird, müsste eigens reflektiert werden. Zumindest die zu Evangelium gehörende Tendenz zum Universalen steht dazu in Spannung. „Profil" scheint schon sprachlich eher aus der Marketing-Branche und nicht aus der evangelischen Kirchentheorie (mit ihrer fundamentalen Unterscheidung von ecclesia visibilis und ecclesia invisibilis) zu stammen.

5 S. Jochen Hörisch, Der Sinn und die Sinne, Frankfurt 2001, 71f.

winden. „Evangelium" in diesem Sinn will begeistern, in eine lebendige Beziehung zum Auferstandenen, zu Gott führen. Zum anderen begegnet aber „Evangelium" als Speichermedium, z.b. in dem Buch „Evangelium des Matthäus". Speichermedien haben die primäre Funktion, Informationen und Mitteilungen auf Dauer zu stellen.

Allerdings gehen beide Medienarten durchaus auch ineinander über. Die „frohe Botschaft" wurde aufgeschrieben; das Aufgeschriebene kann beim Rezipienten wieder zur frohen Botschaft werden. Beides ist offenkundig notwendig. Denn Evangelium nur als Speichermedium droht museal zu werden, Evangelium nur als Übertragungsmedium läuft Gefahr, den Ursprungsimpuls zu verlieren und zu verflachen.

Von daher eröffnet „Evangelium" als Bezugspunkt für Evangelische Schulen einen doppelten Horizont. Evangelium bezeichnet eine Deutungskategorie für Gegenwart, die zugleich auf schriftliche Tradierung angewiesen ist, um Anschluss an ihren Ausgangsimpuls zu bewahren. Für letzteres ist schulischer Unterricht unverzichtbar; ersteres übersteigt aber deutlich den unterrichtlichen Rahmen.

Auch kommunikationstheoretisch lässt sich eine interessante Unterscheidung bei der Verwendung von „Evangelium" beobachten. Die Handreichung nimmt gleichsam selbstverständlich und nebenbei den Begriff „Verkündigung" auf. Er impliziert kommunikationstheoretisch ein erhebliches Gefälle – und zwar zwischen dem, der verkündigt, und den anderen, denen verkündigt wird. Dies steht in einer gewissen Spannung zu den vielfältigen Aussagen zur an Evangelischen Schulen programmatisch verfolgten Förderung Einzelner. Theologisch würde dazu besser der seit etwa fünfzig Jahren eingeführte Begriff der „Kommunikation des Evangeliums" passen. Er beinhaltet nämlich konstitutiv die Bedeutung der Interaktion für den Verständigungsprozess und ermöglicht dadurch das, was in der Religionspädagogik seit dem Ende der sechziger Jahre als Schülerorientierung bezeichnet wird.

Sieht man genauer auf die Entstehungssituation der beiden Begriffe – „Verkündigung" bzw. „Kommunikation des Evangeliums" –, so wird die Differenz noch deutlicher. „Verkündigung" wurde zum zentralen Begriff der Wort-Gottes-Theologie, die zeitgeschichtlich ein Reflex auf die Katastrophe des Ersten Weltkriegs war und sich im sog. Kirchenkampf bewährte.[6] Leitend ist dabei ein Verständnis von Evangelium, das wesentlich gegenkulturell ausgerichtet war, also konkret gegen die völkische bzw. nationalsozialistische Ideologie stand. Demgegenüber kommt der ursprünglich aus ökumenischen Zusammenhängen stammende

---

6   S. Reinhard Dross, Religionsunterricht und Verkündigung. Systematische Begründungen der katechetischen Praxis seit der Dialektischen Theologie, Hamburg 1964.

Begriff der Kommunikation des Evangeliums aus einer anderen Zeit.[7] In den sechziger Jahren des 20. Jahrhunderts wurde im Kontext unübersehbarer Pluralisierung und sich anbahnender Globalisierung die Aufgabe dringlich, entgegen problematischen Gleichsetzungen von westlicher Kultur und Christentum die Kontextualisierung bzw. Inkulturation des Evangeliums zu betonen. Die von der Handreichung wenigstens am Rande avisierte Aufgabe interreligiösen Lernens (75) wird nur in solchem konzeptionellen Zusammenhang, nicht aber in dem der Wort-Gottes-Theologie religionspädagogisch angemessen zu bearbeiten sein.

Dementsprechend ist mit einem Bezug auf das Evangelium sowohl die Aufgabe der Kontextualisierung als auch der Bestimmung eines – eventuellen – Widerspruchs zum kulturellen Kontext gegeben.

In der Dogmatik reformatorischer Theologie ist die Unterscheidung von Gesetz und Evangelium grundlegend. Dadurch wird die theologische Entdeckung Luthers von der Rechtfertigung im Römerbrief als hermeneutische Unterscheidungslehre ausgearbeitet.[8] Sachlich geht es dabei um die strikte Unterscheidung zwischen dem gnädigen Handeln Gottes und dem Handeln des Menschen, das eben kein Heil erwirken kann. Ethisches Bemühen ist für den Glaubenden demnach nur auf der Grundlage von Gottes zuvorkommendem Handeln sinnvoll.

Von dieser im Einzelnen durchaus different ausgearbeiteten Unterscheidungslehre geht ein wichtiger Impuls für die pädagogische Arbeit aus. Sie begrenzt das Handeln in diesem Bereich, also sowohl Lehren als auch Lernen, in seiner Bedeutung. Es geht hier um den Bereich der Schöpfung; das Heil des Menschen steht jedoch nicht zur Disposition. Damit impliziert der Bezug von Evangelium eine Selbstbegrenzung von Schule.

Letztlich ist diese dogmatische Lehre – wie für Luther bereits angedeutet – im neutestamentlichen Verständnis von Evangelium begründet und angelegt. Inhaltlich ist Evangelium durch den „Bezug ... auf das konkrete Gotteshandeln, das sich in der Person und Geschichte Jesu Christi ereignet hat", gekennzeichnet.[9] Insofern ist das „Evangelium Gottes das Evangelium von Jesus Christus" (s. Röm 1,1.3f.).

Versucht man nun dieses Wirken Jesu näher zu fassen, so treten einige charakteristische, in der Christentumsgeschichte vielfach bewährte (und transformierte) Kommunikationsformen für Evangelium zu Tage. Inhaltlich zentral ist dabei die „Gottesherrschaft". Jesus vermittelt die Nähe zu ihr in dreifacher Weise:

– durch die Gleichnisreden,

---

7   Grundlegend Hendrik Kraemer, Die Kommunikation des christlichen Glaubens, Zürich 1958 (engl. 1956); in die deutsche Diskussion führte diesen Begriff vor allem Ernst Lange ein.
8   S. Albrecht Peters, Gesetz und Evangelium (HAST 2), Gütersloh 1981.
9   Ferdinand Hahn, Theologie des Neuen Testaments Bd. I, Tübingen 2002, 190.

– durch Mahlgemeinschaften,

– durch Wunder.[10]

Tatsächlich wurden diese Kommunikationsformen zu Kristallisationspunkten späterer kirchlicher und christlicher Praxis. Zur Kommunikation des Evangeliums gehören von daher Redeweisen, die am besten als Lehr- und Lernprozesse zu fassen sind. Neben Unterricht zählt dazu auch die Predigt.

Dazu treten Formen der Feier, wie sie in gottesdienstlichen Versammlungen ihren pluriformen Niederschlag finden.

Schließlich umfasst die Kommunikation des Evangeliums das Hilfehandeln, das herkömmlich als Diakonie bezeichnet wird, wozu ebenfalls die Seelsorge zu rechnen ist.

Diese eng miteinander zusammenhängenden Dimensionen sind offenkundig konstitutiv für Kommunikation des Evangeliums. In der reformatorischen Tradition bestand – ermöglicht durch das reduzierte Verständnis von Kirche in Artikel 7 der Confessio Augustana – am ehesten die Gefahr, die diakonische Dimension auszublenden. Auch die genannte merkwürdige Hinzufügung von Diakonie zum Evangelium, wie sie in der Handreichung begegnet, steht in dieser problematischen Tradition (81). Demgegenüber sind diese drei Dimensionen im Wirken Jesu vollständig integriert.

Daraus ergeben sich Folgerungen auch für Evangelische Schulen, die neben den (intentionalen) Lehr- und Lernprozessen den liturgischen und diakonischen Bereich als grundlegend und unverzichtbar erweisen, wenn der Bezug zum Evangelium konstitutiv sein soll.

3   Evangelium – für junge Menschen

Im Folgenden durchmustere ich die skizzierten Einsichten zu Evangelium unter pädagogischer Perspektive. In der Formulierung des Themas: Kann das Evangelium junge Menschen fördern? Dabei müssen die skizzierten theologischen Einsichten allgemein plausibel gemacht werden.

Zuerst geben die dogmatischen Hinweise, die die reformatorischen Einsichten der Paulus-Lektüre aufnehmen, einen grundsätzlichen Rahmen für jede pädagogische Überlegung. Bei der Unterscheidung von Gesetz und Evangelium ressortieren die pädagogischen Bemühungen im Bereich des Gesetzes. D.h. positiv: Im Bereich des Evangeliums sind die jungen Menschen vor pädagogischem Zugriff sicher.

---

10   Ausgeführt bei Jürgen Becker, Jesus von Nazaret, Berlin 1996, 176-233.

Hier handelt allein Gott. Konkret heißt dies: Pädagogisches Handeln erfährt hier eine Begrenzung. Evangelische Theologen wissen gleichsam aus eigener Anschauung, wie wichtig diese Grenzziehung ist. Bei ihrem Überschreiten aus noch so gutem Willen droht Totalitäres. Die Ausdehnung der Aufsichtszeiten in August Hermann Franckes Anstalten können zur Abschreckung dienen.[11] Das Bemühen um die Heiligung des Lebens im pädagogischen Kontext missachtet grundlegend das Vorzeichen, das reformatorische Einsicht vor jedes erzieherische Handeln setzt: Das Heil des Menschen ist pädagogisch nicht erreichbar. Angesichts der zunehmenden Verfeinerung von Kompetenz-Tabellen, der weiteren Ausdehnung der Schulzeit und nicht zuletzt der im wörtlichen und übertragenen Sinn Verinselung von Kindheit kommt der vom Evangelium her gebotenen Relativierung pädagogischer Förderung zunehmendes Gewicht zu. Ein Seitenblick in totalitäre Erziehungssysteme wie das der DDR verrät sich sonst auftuende Abgründe.

Unter diesem relativierenden Vorzeichen bietet die Kommunikation des Evangeliums wichtige Fördermöglichkeiten. Die drei im Wirken Jesu beobachteten Kommunikationsformen haben über den religiösen Bereich hinaus grundlegende pädagogische Bedeutung:

Die Auseinandersetzung mit der in den Gleichnisreden Jesu begegnenden Daseins- und Wertorientierung ist in mehrfacher Hinsicht für junge Menschen pädagogisch lohnend. Zuerst – und noch ohne jeden Blick auf die persönliche Einstellung – eröffnet sie wichtige Horizonte, die unsere Kultur bis heute bestimmen. Schon grundsätzlich gilt: Ohne Kennenlernen der Gottesrede sind wesentliche Stränge menschlicher Kulturgeschichte unverständlich. Ethisch präsentieren die Worte Jesu bis heute eindrücklich die Bedeutung jedes Einzelnen. Sie enthalten ein konsistentes Wertgefüge, das aber nicht statisch ist, sondern in der jeweiligen Situation der erneuten Auslegung bedarf.

Unmittelbar dürfte auch der pädagogische Gehalt gemeinsamen Essens und Trinkens und damit verbundener Feierkultur einleuchten. Offenkundig ermöglicht gemeinsames Essen und Trinken eine sonst nicht mögliche Gemeinschaft. Hier zeigen wir Menschen uns gegenseitig als bedürftig – und freuen uns darüber, dass wir leben dürfen. Zugleich sind heute Entwicklungen im Umgang mit Nahrungsmitteln und deren Aufnahme zu beobachten, die jungen Menschen diese Erfahrungsmöglichkeiten eher verbergen. Stichworte wie Junk food, aber auch die Nahrungsaufnahme gleichsam nebenbei, etwa beim Fernsehen o.ä., deuten dies hinreichend an. Wenn die Evangelien und Jesus in der Tradition der Hebräischen Bibel nicht zufällig die Bedeutung von gemeinsamem Essen und Trinken hervorgehoben haben, ist

---

11 S. Norbert Neumann, Lerngeschichte der Uhrenzeit. Pädagogische Interpretationen zu Quellen von 1500 bis 1930, Weinheim 1993, 103.

hier ein wichtiger Bereich für pädagogische Förderung.[12] Nicht nur in der christlichen Tradition, sondern in der gesamten Kulturgeschichte der Menschheit spielt gemeinsames Essen und Trinken eine wichtige Sozialität stiftende und erhaltende Rolle, die weit über die bloße Nahrungsaufnahme hinausreicht. Von daher gehört z.b. die Einrichtung einer Schulmensa durchaus in den engeren Kontext der Kommunikation des Evangeliums und ist keineswegs nur etwas „Äußerliches".

Weiter gehört zur Kommunikation des Evangeliums das Hilfehandeln. Die damit verbundene Achtsamkeit und Aufmerksamkeit für Andere, aber auch für sich selbst sind pädagogisch hochbedeutsam. Eine moderne Zivilgesellschaft setzt soziales Engagement und damit auch konkretes gegenseitiges Hilfehandeln seiner Mitglieder voraus.

Gewiss wird man sagen können: die Auseinandersetzung mit interessanten Denksprüchen, das gemeinsame Essen und Trinken sowie das Helfen sind zwar pädagogisch wertvolle Kommunikationsformen – was hat das aber mit dem Evangelium zu tun? Kann dies nicht auch ohne den Bezug zu Gott realisiert werden? Für die Förderung von jungen Menschen ist hierbei – abgesehen von dem genannten grundlegend relativierenden Vorzeichen – der Zusammenhang der verschiedenen Kommunikationsformen wichtig. In ihm begegnet ein pädagogisch wertvolles Lebenskonzept, das auf jeden Fall – auch bei Modifizierung oder Ablehnung – orientierende Kraft hat und damit die Persönlichkeitsentwicklung fördert. Es gewinnt seine Konsistenz durch das genannte, relativierende Vorzeichen. Aber auch ohne dieses kommt ihm im Einzelnen persönlichkeitsfördernde Bedeutung zu.

Schließlich enthält noch die Klärung von Evangelium durch die Differenzierung zwischen Verkündigung und Kommunikation einen pädagogisch wertvollen Impuls. Denn diese Unterscheidung macht auf die Spannung zwischen Inkulturation und Kontrakulturation aufmerksam. Beides ist wichtig für die Entwicklung junger Menschen. Eine bloße Anpassung an das Bestehende führt zur Erstarrung der einzelnen Personen, aber auch der Gesellschaft. Ebenso ist eine vollständige Ablehnung der Kultur schädlich für Individuum und Kultur. Es gilt hier eine Balance zu finden, deren Bestimmung aber wieder kontextabhängig ist. Dazu bieten die am Beispiel der Gleichnisreden genannten Einsichten des Evangeliums Orientierungshilfen.

---

12 Theologisch anspruchsvoll formuliert geht es hier um eucharistische Bildung, insofern die Feier des Abendmahls bestimmte Kompetenzen gemeinschaftlichen Essens und Trinkens voraussetzt.

4   Evangelische Schulen – Orte der Kommunikation des Evangeliums

In einem letzten Schritt will ich exemplarisch auf mögliche schultheoretische und -pädagogische sowie didaktische Konsequenzen für Evangelische Schulen hinweisen, insofern sie sich als Orte der Kommunikation des Evangeliums verstehen.

Im Schulprofil kommt der pädagogischen Selbstbegrenzung der Schulen ein hervorragender Platz zu. Sie ist sozusagen das Vorzeichen vor der pädagogischen Arbeit an Evangelischen Schulen. Für das Entscheidende im Leben können Menschen nicht sorgen, sie dürfen es aber empfangen. Die schwierigen Diskussionen über reformpädagogische Einrichtungen und die hinter ihnen stehenden Programme mit ihrer gelegentlichen Tendenz zu Grenzüberschreitungen[13] haben auf die Aktualität solcher Begrenzungen aufmerksam gemacht.[14]

Das muss aber auch konkret in zeitlicher und räumlicher Sicht werden. Die Zeiten und Räume solcher Schulen werden dann nicht in der Funktionalität für pädagogische Prozesse aufgehen. Vielmehr sind im wörtlichen und übertragenen Sinn Freizeiten und -räume erforderlich. Anthropologisch kommt hier die Bedürftigkeit von Menschen zum Ausdruck, die eben nicht durch funktional ausgerichtete Aktivitäten zu stillen ist. Theologisch handelt es sich um potenziell liturgische Zeiten und Orte.

Damit diese Potenzialität aber nicht fiktiv bleibt, bedarf es der Anregungen und Impulse. Doch auch sie dürfen nicht funktionalisiert werden. Mit Helmut Peukert gesprochen liegt ihre Funktionalität gerade in ihrer Nichtfunktionalität. Ein Gottesdienst wird dann nicht gefeiert, um die jungen Menschen an dessen Feier zu gewöhnen oder in sie einzuführen. Er wird gefeiert, weil gemeinsames Singen, Beten, Hören und vielfältiges Gestalten jungen und alten Menschen gut tut. Und dies ist auch das Kriterium für die konkrete Gestaltungsaufgabe. Sie hängt von den konkret Teilnehmenden ab. Dabei schließen konfessionelle oder religiöse Differenzen keine gemeinsamen Feiern aus, erfordern aber neben Takt auch theologisches Unterscheidungsvermögen.[15]

---

13   S. eindrücklich die historische Rekonstruktion von Frank Wild, Askese und asketische Erziehung als pädagogisches Problem. Zur Theorie und Praxis der frühen Landerziehungsheimbewegung in Deutschland zwischen 1898 und 1933, Frankfurt 1997.

14   S. z.B. zur Odenwaldschule Heinz-Elmar Tenorth, Die Bundesrepublik als Internat, in: Frankfurter Allgemeine Zeitung vom 17. März 2010 (Nr. 64) S. N 5.

15   Wichtige Orientierungen gibt hier: Liturgische Konferenz (Hg.), Mit Anderen gemeinsam Gottes Nähe suchen. Eine Orientierungshilfe der Liturgischen Konferenz für christliche Gemeinden zur Gestaltung von religiösen Feiern mit Menschen, die keiner christlichen Kirche angehören, Gütersloh 2006.

Mit diesem Beispiel ist bereits der Bereich der konkreten Kommunikationsformen des Evangeliums betreten. Auch für die Kommunikation des Evangeliums ist der Erwerb und der Austausch von Wissen grundlegend. Das interessante Projekt Evangelischer Schulen „Unterrichtserneuerung mit Wagenschein und Comenius" hat in den achtziger Jahren des 20. Jahrhunderts darauf aufmerksam gemacht, dass didaktische Prinzipien wie das des genetischen Lernens Kommunikation des Evangeliums in verschiedene Schulfächer implementieren können.[16] Große Bedeutung kommt hier selbstverständlich dem Religionsunterricht zu. Er ist ein wichtiger Ort für die von Anfang an untrennbar mit der Kommunikation des Evangeliums verbundene kritische Reflexion der die Schule als ganze leitenden evangelischen Daseins- und Wertorientierung. Es ist wohl kein Zufall, dass die Kommunikation des Evangeliums – im Vergleich mit anderen großen Religionen – singulär eine ganze nur darauf bezogene Wissenschaft hervorgebracht hat, nämlich die Theologie. Die Verhältnisbestimmung von Glauben und allgemeiner (jeweils kulturell bestimmter) Vernunft scheint dem Christentum von Beginn an als Problemstellung und Aufgabe inhärent.

Doch – und dies ist stets bei den Überlegungen zu Evangelischen Schulen zu Recht betont worden – reicht der Bezug zum Evangelium über dieses spezielle Unterrichtsfach hinaus. Das gemeinsame Essen und Trinken und damit verbunden die Feier sind grundlegend wichtige Formen, innerhalb deren Evangelium kommuniziert wird. Es ist m.E. nicht zufällig, dass sich im 19. Jahrhundert das Konzept des Schullebens wesentlich anhand der Reflexion auf schulische Andachten herausgebildet hat.[17] Dass damit zugleich die Schulhierarchie relativierende Überlegungen verbunden wurden – alle, von der Direktorin bis zum Schulanfänger, stehen gleichermaßen vor dem barmherzigen und allmächtigen Gott und bedürfen seines Segens –, verstärkt die Bedeutung solcher Kommunikationsformen. Sie ermöglichen nämlich Evangelischen Schulen die konkrete Darstellung ihres Vorzeichens, nämlich der grundsätzlichen Relativierung pädagogischen Handelns.

Endlich gehört zur Kommunikation des Evangeliums untrennbar das helfende Handeln. Von daher ist es nachhaltig zu begrüßen, dass Evangelische Schulen zunehmend das diakonische Lernen als Unterrichtsfach und Lerndimension entdecken und organisieren.[18] In einer zunehmend – jedenfalls in einflussreichen politischen Kreisen – kompetitiv ausgerichteten Gesellschaft ist ein diakonischer Gegenakzent unverzichtbar.

---

16 Hans-Christoph Berg / Günther Gerth / Karl Heinz Potthast (Hg.), Unterrichtserneuerung mit Wagenschein und Comenius. Versuche Evangelischer Schulen 1985-1989, Münster 1990.
17 S. Christian Grethlein, Schulleben und Religionsunterricht. Vorwiegend allgemein-religionspädagogische Hinweise zu einem schulpädagogischen Thema, in: BThZ 6 (1989), 193-206.
18 S. Christoph Gramzow, Diakonie in der Schule. Theoretische Einordnung und praktische Konsequenzen auf der Grundlage einer Evaluationsstudie (APrTh 42), Leipzig 2010.

Bei alldem handelt es sich wesentlich um kommunikative Prozesse. Deren Orientierung an einem Verkündigungskonzept kann wohl nur in Ausnahmesituationen wie bei einer antichristlichen Diktatur bestimmend sein. Ansonsten geht es bei der Kommunikation des Evangeliums wesentlich um (zumindest tendenziell) symmetrische Kommunikationsprozesse, bei denen die Beteiligten gemeinsam die Perspektive des Reiches Gottes entdecken und ausloten. Schule bekommt dadurch einen egalitären Grundzug, eben eine Relativierung der sonst dominanten Hierarchien. In solchen Schulen werden auch Lehrer und Lehrerinnen von den Schülerinnen und Schülen lernen. Schule wird so zu einem gemeinsamen Lebensraum, der aber über die sozialen Bezüge untereinander hinaus grundsätzlich offen ist.

Eine solche Schule ist also in doppelter Weise fördernd: Die Heranwachsenden werden gefördert, indem sie als verantwortlich Handelnde ernst genommen werden und so verantwortlich Handelnde werden können. Die Lehrer/innen werden gefördert, indem sie sich auf eine Kommunikation mit den Schüler/innen einlassen, in der jedenfalls ab und an die jede menschliche Hierarchie relativierende grundlegende Gemeinsamkeit als Kinder Gottes zum Tragen kommt. Sie gewinnen dadurch Freiheit auch jenseits ihrer Lehrerrolle.

Der Religionsunterricht ist an solchen Schulen auch ein Ort, um die dabei begegnenden Probleme kritisch zu reflektieren und sich von neuem – auch reflexiv – des Grundes zu vergewissern, von dem diese Form der Kommunikation ausgeht.

5 Zusammenfassung und Ausblick

Die Schwächen bei der Verwendung von „Evangelium" in der Handreichung der EKD „Schulen in evangelischer Trägerschaft" haben mich dazu geführt, diesen für das Christsein grundlegenden Begriff näher zu klären. Die dabei zu Tage tretenden Differenzierungen auf unterschiedlichen Ebenen ergaben Einsichten und Impulse, die pädagogische Bedeutung und auch Relevanz für die Gestaltung Evangelischer Schulen haben. Dabei war – zugegebenermaßen – die Flughöhe über der konkreten Schulpraxis beträchtlich. Vielleicht ermöglichen die erarbeiteten Gesichtspunkte und Kriterien aber schon jetzt, nicht nur den behandelten EKD-Text, sondern auch konkrete Schulprogramme kritisch zu durchmustern und an dieser oder jener Stelle zu verbessern.

Heterogenität bejahen – Anregungen aus der Praxis Evangelischer Schulen[*]

Uta Hallwirth

„Jeder gute Unterricht ist Förderunterricht", so lautet der Leitsatz der *Heinrich-Albertz-Schule Salzgitter*, der Gewinnerin des dritten Preises des Barbara-Schadeberg-Wettbewerbs 2010 für evangelische Schulen. Unter dem Titel „Lernen in Würde" waren die Schulen aufgefordert, Konzepte individueller Förderung und Betreuung einzureichen.[1] Damit griff der Wettbewerb die Diskussion um Bildungsgerechtigkeit und Inklusion auf, die seit dem 2. Bundeskongress Evangelische Schule 2006 im evangelischen Schulwesen verstärkt geführt wird. Kirchenpolitische Unterstützung fand diese Diskussion mit dem *Plädoyer für mehr Bildungsgerechtigkeit* auf der 11. Synode der EKD 2010 in Hannover.

Die Forderung nach mehr Bildungsgerechtigkeit ist für Schule vor allem eine Herausforderung an die Akzeptanz und Kompetenz im Umgang mit Heterogenität. Diese Herausforderung pädagogisch zu meistern ist der zentrale Ansatzpunkt, um schulischen Erfolg in Deutschland nachhaltig von der sozialen Herkunft zu lösen und damit ein deutliches Gerechtigkeitsdefizit zu beheben.[2] Es geht um die Akzeptanz eines *Lernens in Verschiedenheit,* seine bewusste Bejahung und professionelle Umsetzung. Das meint nicht, schulische Anforderungen auf niedrigem Stand zu nivellieren. Vielmehr geht es darum, in Kindern und Jugendlichen unabhängig von ihren unterschiedlichen Voraussetzungen die Freude an den je eigenen Möglichkeiten zu wecken und zu fördern. Dass Kinder durchaus Spaß an Leistung haben, wird gerade durch jene Schulen belegt, die mit Heterogenität kompetent und professionell umgehen können. Voraussetzung ist, dass Heterogenität pädagogisch fruchtbar gemacht wird. Gute Schule gibt ihren Schülerinnen und Schülern in Unterricht und Schulleben vielfältige Gelegenheiten zur Bewährung. Dabei wird gerade für evangelische Schulen dies immer damit verbunden sein, zugleich jedem Kind und Ju-

---

[*] Vortrag bei den Hildesheimer Barbara-Schadeberg-Vorlesungen im Oktober 2010.

[1] „Lernen in Würde. Beraten-Begleiten-Betreuen. Förderkonzepte an evangelischen Schulen". Wettbewerb der Barbara-Schadeberg-Stiftung für evangelische Schulen 2010. Teilgenommen haben 14 Schulen und ein Internat.

[2] Die Abhängigkeit schulischen Erfolgs von der sozialen Herkunft ist aber nicht nur als Problem der Schule zu sehen und kann auch nicht von ihr allein gelöst werden.

gendlichen erfahrbar zu machen, dass Wertschätzung unabhängig von Leistung und Leistungsvermögen jedem zukommt und jeder in der Schulgemeinschaft gebraucht wird und willkommen ist. So verstanden lässt sich der Anspruch des „Lernens in Würde" pädagogisch übersetzen als schulischer Auftrag, Kinder und Jugendliche zu fördern, zu beraten und zu begleiten. Dieser Auftrag wird dann am besten erfüllt, wenn Heterogenität als Realität und Chance von Schule akzeptiert und als Quelle vielfältiger Ressourcen erkannt wird.

Doch was sich theoretisch und normativ so leicht postulieren lässt, ist keineswegs einfach in die Schulpraxis umzusetzen. Dahinter steht ein sehr anspruchsvoller Auftrag für Schulen und Schulträger. Gesteigert wird er durch die Aufforderung, auch in Deutschland die UN-Behindertenrechtskonvention umzusetzen und gemeinsames Lernen aller, d.h. auch von Kindern mit und ohne sonderpädagogischen Förderbedarf, zu ermöglichen. Doch vieles muss passen, damit z.B. ein ehemaliger Schulverweigerer mit einem hochbegabten Schüler und einem Autisten mit Asperger Syndrom gemeinsam lernen kann. Einiges ist zu tun, damit die theoretische Chance auf eine Schullaufbahn am Gymnasium auch von begabten Mädchen aus Kamerun, Sri Lanka oder Bosnien in der Realität ergriffen wird. Schule im Zeichen von Heterogenität und Inklusion ist eine Herausforderung an die Schulstruktur wie an die Gestaltung der Lernprozesse. Es geht um einen ressourcenorientierten Blick auf Vielfalt im Schulleben wie im Unterricht und um die dazu passenden Lernarrangements. Die Frage von Aufnahmekriterien für Schülerinnen und Schüler ist davon ebenso berührt wie die nach spezifischen Förderangeboten.

Im Folgenden sollen auf diesem Hintergrund fünf Punkte näher skizziert werden. Zunächst ist nach den Bedingungen für einen wirksamen Umgang mit Heterogenität zu fragen, um daran anschließend drei Perspektiven aufzuzeigen, unter denen an evangelischen Schulen die „Bejahung von Heterogenität" deutlich wird: Die Offenheit einer Schule für unterschiedliche Zielgruppen, insbesondere für benachteiligte Schülerinnen und Schüler, die Ausformung individueller Förderung durch Beratungs- und spezielle Förderkonzepte und schließlich der Ansatz eines inklusiven Lernens als durchgehendes Schulprinzip und Schulkonzept. Dabei werden Beispiele evangelischer Schulen zur Erläuterung herangezogen, wobei insbesondere, aber nicht nur, auf die Wettbewerbsbeiträge des Barbara-Schadeberg-Wettbewerbs 2010 Bezug genommen wird. Abschließend ist die Frage nach der Unterstützung von evangelischen Schulen auf dem Weg zu Inklusion und mehr Bildungsgerechtigkeit zu stellen.

1 Heterogenität bejahen – Bedingungen für den wirksamen Umgang mit Heterogenität an Schulen

Heterogenität hat viele Dimensionen, die nachgewiesen auch das schulische Lernen substanziell beeinflussen. Sie reichen von den Lernvoraussetzungen über die Lernmotivation bis zum besonderen Förderbedarf einzelner Schülerinnen und Schüler. Sie betreffen das Geschlecht; sie beziehen sich auf religiös-kulturelle, auf ethnische wie sprachliche Unterschiede und auf den sozioökonomischen Hintergrund.

Wie Heterogenität pädagogisch fruchtbar gemacht werden kann, wird an dem Preisträger des Carl Bertelsmann-Preises 2008 deutlich. Der Wettbewerb stand unter dem Titel „Integration braucht faire Bildungschancen" und Gewinner war das *Toronto District School Board* mit seinem Konzept, Schülerinnen und Schüler aus schwierigen Einwanderungs- und sozialen Problemgruppen schulisch zu integrieren und zu fördern. Die Begründung für die Preisvergabe führt Kriterien auf, die auch in anderen schulischen Kontexten für einen wirksamen Umgang mit Heterogenität zu beachten sind.

Grundlage ist die *Wertschätzung von Vielfalt* („diversity is our strength") ausgedrückt im schulischen Leitbild und verankert in den Einstellungen der pädagogisch Handelnden. Davon ausgehend sind eine *integrative Lernkultur* und Konzepte *individueller Förderung* zu entwickeln. Nur so kann aus Vielfalt eine Stärke werden. Curricula und Lernmethoden müssen entsprechend auf eine heterogene Schülerschaft eingestellt sein. Lehrkräfte benötigen eine systematische *Aus- und Fortbildung*, um mit Heterogenität pädagogisch konstruktiv umzugehen. Schließlich darf eine Schule mit diesem Anliegen auch nicht allein bleiben. Wichtig ist die *Öffnung zum Umfeld* und dessen Unterstützung. Schulen profitieren von der Einbindung in die regionale Bildungslandschaft und sollten ihrerseits darauf achten, die *Familien ihrer Schüler/innen zu beteiligen* und in ihre Arbeit einzubinden. Schließlich sind es siebtens *längere gemeinsame Lernzeiten*, die Kindern und Jugendlichen mit Startnachteilen helfen, diese besser auszugleichen.[3]

Diese Aussagen gelten nicht nur für Kanada; und sie sind nicht nur dann von Bedeutung, wenn es um Heterogenität in einer multikulturellen Schülerschaft geht. Sie können vielmehr als pädagogisches Äquivalent für ein evangelisches Schulprofil gelten, das auf Wertschätzung und individuelle Förderung abzielt. Wie ließe sich die christliche Überzeugung von der bedingungslosen Annahme jedes Menschen denn im Schulalltag besser erfahrbar machen als in einer pädagogischen Botschaft,

---

3 Vgl. Bertelsmann Stiftung: Toronto District School Board. Herausragendes Engagement für Integration durch Bildung. Informationen zum Preisträger des Carl Bertelsmann-Preises (CBP) 2008. „Integration braucht faire Bildungschancen". Online unter: http://www.ber telsmann-stiftung.de/bst/de//media/xcms_bst_dms_25445_25446_2.pdf (Zugriff: 28.2.2011).

die Unterschiedlichkeit nicht als störend, sondern als Chance empfindet und entsprechend jeden mit seinen Potenzialen willkommen heißt?

Dies umzusetzen bedarf je nach Schulsituation unterschiedlicher Wege. Viel hängt von dem jeweiligen Entwicklungsstadium einer Schule ab. Denn es macht einen Unterschied, ob sich eine etablierte Einrichtung neu orientieren will oder ob eine Schule gerade erst gegründet wurde. Letztere kann ohne den Ballast tradierter Gewohnheiten Schulentwicklung kreativ angehen und Neues wagen, muss dafür aber zugleich alle Belastungen einer Schule im Aufbau schultern. Es ist auch ein Unterschied, ob 40, 200 oder 1000 Schülerinnen und Schülern eine Schule besuchen – so wie es trägerabhängige Unterschiede gibt in den jeweils zur Verfügung stehenden personellen, räumlichen und finanziellen Ressourcen.

Aber ohne diese Unterschiede zu unterschätzen, zentraler Auslöser für Veränderung ist immer die Bereitschaft der Beteiligten, erste Schritte zu setzen. Das zeigen nicht nur die Beispiele evangelischer Schulen, sondern alle Erfahrungen der Schulentwicklung.

2 Perspektiven und Ansätze für den Umgang mit Heterogenität

2.1 Heterogenität bejahen – die Öffnung für benachteiligte Zielgruppen

Den ersten Schritt zu setzen bedeutet sich zu fragen, in welcher Form Vielfalt an der eigenen Schule bereits zu finden ist und wo gegebenenfalls Veränderungen ansetzen müssten. Wen erreicht eine Schule mit ihrem Angebot, wen will sie erreichen und wen sollte sie vielleicht stärker zu erreichen suchen?

Evangelische Schulen stehen hier vor einem gewissen Dilemma. Sie sind zwar prinzipiell offen für alle Schülerinnen und Schüler, aber als evangelische Schulen sprechen sie zunächst eine christliche Klientel an. Sie sind zudem darauf angewiesen, dass Eltern eine bewusste Entscheidung treffen, wenn sie ihr Kind an einer evangelischen Schule anmelden. Eltern müssen aktiv werden, wenn sie eine Alternative zum staatlichen Schulsystem suchen, was zwangsläufig bedeutet, dass vor allem Kinder bildungsorientierter Eltern an evangelischen Schulen zu finden sind. Darauf hatte schon 2005 eine Untersuchung zur Qualität evangelischer Schulen verwiesen,[4] und auch die Studie von Manfred Weiß zu Privatschulen in Deutsch-

---

4   Vgl. C. Standfest / O. Köller / A. Scheunpflug, leben – lernen – glauben. Zur Qualität evangelischer Schulen. Eine empirische Untersuchung über die Leistungsfähigkeit von Schulen in evangelischer Trägerschaft. Münster u.a. 2005, 67ff.

land betont den Einfluss des Bildungsstandes der Eltern auf die Schulwahl.[5] Der finanzielle Status der Eltern ist dagegen weniger bedeutsam.[6] Evangelische Schulen haben aber trotzdem keine homogene Schülerschaft. So ist Heterogenität bezogen auf die Konfessionalität bzw. Nichtkonfessionalität für evangelische Schulen in den östlichen Bundesländern von Beginn an Realität gewesen. Ebenso haben viele evangelische Schulen das gemeinsame Lernen von Kindern mit und ohne Behinderung in ihrer Schulwirklichkeit verankert. Die *Evangelische Grundschule Gotha*, Preisträgerin des Barbara-Schadeberg-Wettbewerbs 2003, hat dies seit ihrer Gründung 1993 vorgelebt und ist wegweisend für Konzepte einer integrativen evangelischen Schule mit reformpädagogischer Ausrichtung geworden. Der Weg der *Torwiesenschule Stuttgart* in Trägerschaft der Diakonie Stetten führte als Sonderschule für Kinder mit geistiger Behinderung zunächst über Kooperationsformen zu inklusiven Strukturen, Kulturen und Praktiken, die nun Grund- und Sonderschule umfassen und einbinden. Nicht zuletzt wurden an der *Integrativen Schule Frankfurt /Main*[7] von Beginn an auch Kinder mit umfassender und Mehrfachbehinderung gemeinsam mit anderen Kindern unterrichtet. Dazu wurden Lehrerteams eingesetzt, die die Kompetenzen von Grund- und Sonderschulpädagogik sowie Sozialpädagogik bündeln und die Verzahnung von Unterricht und Therapie ermöglichen.

Schließlich ist auch nicht erst in den letzten Jahren die Frage der Präsenz von Kindern und Jugendlichen aus benachteiligten Milieus auf der Tagesordnung evangelischer Schulen. Viele evangelische Schulen und Internate sind aus einem diakonischen Motiv heraus entstanden. Um dies zu belegen, muss man nicht bis auf Johann Hinrich Wichern und die soziale Frage im 19. Jahrhundert zurückgreifen. Nach dem Zweiten Weltkrieg war es ein Anliegen evangelischer Schul- und Internatsträger für jene Kinder und Jugendlichen Angebote vorzuhalten, die durch Krieg, Flucht und Vertreibung entwurzelt waren und unter schwierigen Bedingungen neu anfangen mussten. Schulen wie die *Melanchthon Schule Steinatal* in Hessen oder das *Söderblom Gymnasium Espelkamp* sind entsprechende Beispiele, denen sich andere anfügen ließen. Später entwickelten sich aus solchen Motiven oft Schulen, die insbesondere Kindern von Spätaussiedlern faire Startchancen geben wollten.

---

5   Vgl. M. Weiß, Allgemeinbildende Privatschulen in Deutschland. Bereicherung oder Gefährdung des öffentlichen Schulwesens? Schriftenreihe des Netzwerk Bildung, Berlin 2011, 36ff; s. dazu auch DIW (Deutsches Institut für Wirtschaftsforschung), Der Trend zur Privatschule geht an bildungsfernen Eltern vorbei. H. Lohmann / C.K. Spieß / Ch. Feldhaus, in: Wochenbericht Nr. 38/2009, 76. Jahrgang, 640-646. Online unter: www.diw.de (Zugriff: 18.04.2011).

6   Vgl. C. Standfest / O. Köller / A. Scheunpflug 2005 a.a.O.

7   Träger dieser Grundschule sind die Ev.-frz. ref. Gemeinde und der Ev. Regionalverband.

In der Gegenwart werden evangelische Schulgründungen nicht selten bewusst in strukturschwachen Regionen bzw. benachteiligten Stadtvierteln angesiedelt. Die *Evangelische Gesamtschule Gelsenkirchen-Bismarck* mit ihrem Stadtteilkonzept in einem von hoher Arbeitslosigkeit betroffenen Gebiet ist dafür ein bekanntes und renommiertes Beispiel. Als Gesamtschule ist sie ausdrücklich bemüht, Kinder mit unterschiedlichen Schullaufbahnempfehlungen aufzunehmen, wobei bis zu einem Drittel der Schüler/innen eines Jahrgangs auch einen Migrationshintergrund aufweisen sollen.[8]

An zwei anderen Schulen sei etwas ausführlicher dargestellt, wie evangelische Schulen sich bewusst benachteiligten Zielgruppen öffnen und durch professionellen Umgang mit Heterogenität ihren Beitrag zu mehr Bildungsgerechtigkeit leisten.

Die *Schule für Circuskinder der Evangelischen Landeskirche im Rheinland* hat sich einer Schülerschaft angenommen, die Vielfalt in besonders ausgeprägter Form widerspiegelt. Sie bietet Kindern, die im Circus zu Hause sind, eine Chance auf gleichwertige Bildung, die ihnen ansonsten als Angehörigen von reisenden Berufsgruppen kaum offen steht. Die Schulleiterin beschreibt ihre Schülerklientel wie folgt: „Ständige Schulwechsel (etwa 40 – 50 im Jahr) mit wechselnden Lehrkräften, Mitschülerinnen und Mitschülern, Unterrichtsmaterialien, Methoden und Schulformen lassen Kinder und Jugendliche von Familiencircussen Schule als Ort des Misserfolges und des Versagens erleben. Seit Generationen hat sich so verständlicherweise ein bildungsfernes Milieu entwickelt, in dem Schulabbruch, Schulverweigerung und Analphabetismus nicht ungewöhnlich sind. Vor diesem Hintergrund erbringen die Schülerinnen und Schüler an der *Schule für Circuskinder* eine große Leistung. Sie lassen sich im Rahmen hoher Alltagsanforderungen auf Schule ein. Sie lernen mit Unterstützung ihrer Lehrkraft zwei- bis dreimal wöchentlich vor Ort und bearbeiten zu den widrigsten Zeiten, an den seltsamsten Orten und [...] selbstverantwortlich ihre umfangreichen Lernpakete für die unterrichtsfreie Zeit."[9]

Es sind Kinder mit besonderen Fähigkeiten an dieser Schule. Sie sind Artisten und Musiker, vielfältig praktisch begabt und geübt. Diese Kompetenzen zu unterstützen und zu vertiefen sowie zugleich kognitive Lernprozesse durch flexible unterrichtliche Rahmenbedingungen zu ermöglichen, ist Aufgabe und Anliegen dieser Schule. So ist die *Schule für Circuskinder* eine Schule auf Rädern, die sich darauf

---

8   Vgl. A. Kampf, Integration: Muslime an einer evangelischen Schule, 2011. Online unter: evangelisch.de /http://www.evangelisch.de. (Zugriff: 28.02.2011).

9   A. Schwer, Raum für individuelles und selbsttätiges Lernen – vom Umgang mit Vielfalt im Bildungswesen am Beispiel der Schule für Circuskinder, in: J. Frank / U. Hallwirth (Hrsg.), Heterogenität bejahen. Bildungsgerechtigkeit als Auftrag und Herausforderung für evangelische Schulen. Schule in evangelischer Trägerschaft. Bd. 12, Münster u.a. 2010, 113-130, hier 114.

eingestellt hat, auf die Verpflichtungen, die ihre Schülerinnen und Schüler im Circus haben, einzugehen. Sie setzt die Grundforderung inklusiver Schule konsequent um, indem sie sich den Besonderheiten und Erfordernissen ihrer Schülerinnen und Schüler anpasst. Als Grundschule und Gesamtschule der Sekundarstufe I gehört für sie der Umgang mit Vielfalt zum schulischen Konzept. Jahrgangsgemischtes Lernen von Kindern mit und ohne Behinderung, individuelle Stoff- und Lernpläne, Vielfalt der Methoden – hier findet sich alles, was für die individuelle Förderung von Schülerinnen und Schülern wichtig und hilfreich ist und worauf an anderen Schulbeispielen noch genauer einzugehen sein wird.

Einer weiteren, in unserem Schulsystem oft vernachlässigten Zielgruppe widmet sich die *CJD Christophorusschule-Hauptschule Versmold*.[10] Sie nimmt sich seit Jahren vor allem jener Schülerinnen und Schüler an, die an anderen Schulen gescheitert sind, z.B. vom Gymnasium zur Realschule wechseln mussten und dann bis zur Hauptschule „durchgereicht" wurden. Ihnen will man in Versmold neue Chancen geben; und die Schule belegt mit ihren Ergebnissen, dass auch schulmüde Jugendliche oder Schulverweigerer Abschlüsse erreichen und gebrochene Schulkarrieren verhindert werden können. Der Schlüssel für diesen Erfolg liegt in einem schulischen Konzept, das die Probleme und Schwierigkeiten der Jugendlichen konsequent aufgreift und zu lösen sucht.

Wer „abgeschult" wurde, verbindet mit dem Schulbesuch zumeist eine Abwertung seiner Person, hat frustrierende Erlebnisse gesammelt und nicht selten innerlich mit jeder Form von Lernen und Leistung abgeschlossen. Dem wieder etwas Positives entgegenzusetzen, ist Anliegen und Selbstverständnis der Schule. Damit setzt sie dort an, wo nach neueren Untersuchungen ein wichtiges Merkmal für potenzielle Schulabbrecher vermutet wird. Denn nicht nur individuelle Faktoren wie sozialer bzw. generell leistungsrelevanter Hintergrund oder persönliche und soziale Anpassungsschwierigkeiten sind Risikofaktoren, sondern auch die Schule selbst in ihrer Organisation, Struktur und mit ihrem Schulklima kann Dropout-Verhalten beeinflussen.[11] Daher ist das Schlüsselwort für Prävention an der Schule in Versmold der „*Unterricht als Beziehungsarbeit*". Unter dieser Perspektive geht es darum, Benachteiligungen auszugleichen und Schüler/innen intensiv zu unterstützen. Zum einen betrifft das Formen sprachlicher Benachteiligung, denen man mit einer gezielten Sprachförderung begegnet. In einer Auffangklasse für Sprachanfänger wer-

---

10 Generell sind Hauptschulen in evangelischer Trägerschaft selten, auch in Bundesländern mit dreigliedrigem Schulsystem. Die Frage, ob evangelische Träger hier nicht stärker engagiert sein sollten, hat mittlerweile durch die Entwicklung hin zu zweigliedrigen Systemen etwas an Brisanz verloren.

11 Vgl. M. Stamm u.a., Dropout CH – Schulabbruch und Absentismus in der Schweiz, in: ZfPäd 57. Jg., Heft 2, 2011, 187-202, hier 189.

den jahrgangsübergreifend Schülerinnen und Schüler nicht deutscher Muttersprache so unterrichtet, dass sie möglichst bald in eine Regelklasse gehen und dort auch dem Fachunterricht folgen können. Zum anderen setzt die Schule einen gezielten Schwerpunkt bei der Motivationsförderung. Um diejenigen zu unterstützen, die den Bezug zum schulischen Lernen verloren haben, gibt es für die Jahrgänge 7 und 8 eine Motivationsklasse. „Sie soll wieder eine neue Lernbereitschaft wecken und so auch eine spätere Integration in die Regelklassen ermöglichen."[12] In jahrgangsübergreifenden Gruppen von etwa 12 Schüler/innen werden primär persönliche und soziale Kompetenzen gefördert. Mittel dazu sind u.a. individuelle Wochenziele sowie didaktische Ansätze, die schulisches Lernen in einen Lebensbezug stellen. Handlungs- und produktorientierte Formen gehören ebenso dazu wie fächerübergreifende Unterrichtsangebote. Wichtig sind zudem die außerschulischen Lernstandorte, die Lernen vom schulischen Kontext lösen und praxisnah machen. „In der Motivationsförderung arbeiten alle pädagogischen Kräfte aus Schule und Internat mit den Schülerinnen und Schülern, den Erziehungsberechtigten wie ggf. auch den Mitarbeitenden des Jugendamtes zusammen."[13] Auch das ist ein wichtiges Kriterium, das eingangs am Beispiel des *Toronto District School Board* als Gelingensbedingung für den wirksamen Umgang mit Heterogenität benannt wurde: Gute Schulen sind in ihrer pädagogischen Arbeit keine isolierten Einheiten, sondern vernetzen sich mit ihrer Umwelt und nutzen nicht nur interne, sondern vor allem auch externe Kompetenzen und Möglichkeiten.

Die Beispiele zeigen, dass gerade aus ihrem Profilverständnis heraus evangelische Schulen die gesellschaftlichen und pädagogischen Herausforderungen einer pluralen Gesellschaft annehmen und dies als Ausdruck ihres evangelischen Profils verstehen. Sie belegen aber auch, dass wirksamer Umgang mit Heterogenität intensiver Konzepte für individuelle Begleitung und Förderung bedarf und dazu auch eine strukturelle Veränderung von Schule notwendig ist.

---

12 U. Hallwirth / A. Scheunpflug, Entwicklungsprozesse an der CJD Christophorusschule-Hauptschule Vermold, in: Th. Bohl u.a. (Hrsg.), Handbuch Schulentwicklung. Theorie – Forschungsbefunde – Entwicklungsprozesse – Methodenrepertoire, Bad Heilbrunn 2010, 446-452, hier 449.

13 Ebd. 449.

2.2. Heterogenität bejahen – die Perspektive individueller Beratungs- und Förderkonzepte

2.2.1 Beratungskonzepte

Beraten und Begleiten sind Teil des Selbstverständnisses evangelischer Schulen und Internate, was in deren Leitbildern vielfältig Ausdruck findet. Die Schwerpunktsetzung ist jedoch unterschiedlich. Schullaufbahn- und Lernberatung gehören ebenso dazu wie die Beratung auf dem Hintergrund von besonderen Auffälligkeiten oder Begabungen eines Schülers oder die Sicherung von Präventionsangeboten bis hin zur Krisenbewältigung.

Nicht immer muss die Entwicklung eines Förderkonzepts zum Ausgangspunkt werden. So wollte die *Akademie für soziale Berufe der Hephata Diakonie*[14] eigentlich ein Evaluationssystem für ihre Lern- und Schulkultur einrichten. Mittels Befragungen der Studierenden zu Unterricht, Klassenklima und persönlichem Lernprozess sollte das Lehren und Lernen an der Schule verbessert werden. Die Schulentwicklung führte aber über diesen Ansatz hinaus zu einem Mentoringsystem für die Studierenden, das beides, Beratung und Evaluation, miteinander verband. So entstand ein Modell, bei dem die Studierenden während ihrer gesamten Ausbildung in kleinen Mentorengruppen begleitet werden und ihren Lernprozess kontinuierlich reflektieren. Damit ist eine wichtige Voraussetzung geschaffen, um die eigene Berufspersönlichkeit in einem sozialen Beruf zu entwickeln. Zugleich bietet dieses Mentoringsystem ein wirksames Instrument zur Krisenprävention, das im Bedarfsfall umgehend Intervention und Hilfe für die Studierenden ermöglicht.

Gute Beratungskonzepte haben Auswirkungen auf das Lernen und Lehren, wie die Entwicklung an der Hephata Akademie bestätigt. Denn aus den Gruppengesprächen, der Basis des Mentoring, wurden verstärkt Einzelgespräche i.S. individueller Unterstützung und Begleitung. Die Lehrperson wandelt sich in diesem Prozess zum Lernbegleiter, und die Reflexionsphasen betreffen nicht nur die Lernenden und ihre Lernprozesse, sondern umgekehrt müssen auch die Lehrenden ihre Arbeit immer wieder überprüfen und diesen Prozess in ihr professionelles Selbstverständnis integrieren. Die Veränderung, die ursprünglich an der Qualitätsentwicklung durch Evaluation ansetzte, hatte Auswirkungen auf den Unterricht und Konsequenzen für das Selbstverständnis und professionelle Handeln der Lehrkräfte. Das zeigt, dass die Entwicklung von Beratungs- und Förderkonzepten kein singulärer Prozess ist, sondern weitreichende Veränderung bedeutet, die alle drei Aspekte von Schulentwicklung[15] tangiert.

---

14 Das Folgende nach „Mentoring in der Hephata Akademie für soziale Berufe". Wettbewerbsbeitrag für den Barbara-Schadeberg-Preis 2010.
15 Organisations-, Unterrichts- und Personalentwicklung.

Anlass für die Entwicklung von schulischen Beratungskonzepten kann eine äußere Notwendigkeit sein, ein schulinternes Anliegen oder eine Kombination aus beidem. So hat die *Melanchthon Schule Steinatal*[16] ein ausgefeiltes Beratungsnetzwerk entwickelt, um Hochbegabte besser fördern zu können. Auf dem Weg zur Ganztagsschule stellte sich das Kollegium die Frage, wie man jene Schülerinnen und Schüler adäquat fördern kann, die zwar hochbegabt, aber nicht hochleistend sind. Hintergrund war die Beobachtung, dass es Schüler/innen gab, die zwar von ihren kognitiven Anlagen her alle Voraussetzungen mitbrachten, erfolgreich zu sein, aber diese Anlagen nicht nutzen und in letzter Konsequenz als sog. Underachiever in der Schule auch scheitern konnten. Um das zu verhindern und präventiv wie in akuten Krisenfällen eingreifen zu können, wurde ein inner- und außerschulisches Netzwerk geknüpft, das Förderung als Beratung und Begleitung auf den verschiedensten Ebenen sicherstellt. Kern ist die Zusammenfassung unterschiedlicher Kompetenzen in einem Beratungszirkel, der regelmäßig zusammentritt und schulintern wie schulextern zusammengesetzt ist. Von diesem Ansatz, ursprünglich initiiert aufgrund der Bedarfe einer spezifischen Schülerklientel, profitieren in der Umsetzung letztlich alle Schülerinnen und Schüler.

2.2.2 Förderkonzepte

Förderung durch unterrichtliche Zusatzangebote ist neben der Beratung wichtiger Programmpunkt vieler evangelischer Schulen und Internate. So zeigt das *Evangelische Internat Dassel*, wie eine intensive Kooperation zwischen Lehrkräften und Erziehenden aussehen kann. Basis sind Bausteine zur Begleitung und Betreuung im Internat und die Entwicklung von entsprechenden Trainings- und Therapiemodulen, die eine individuelle Förderung ermöglichen bzw. unterstützen. Wie schon an der *CJD-Hauptschule Versmold* gehören strukturierter Förderunterricht als Sprachunterricht ebenso in diesen Kontext wie Motivationsförderung oder die Konzentration auf spezifische Begabungen.

Das Gymnasium ist die Schulform, der man die stärksten segregierenden Effekte in unserem Schulsystem zuschreibt.[17] Obwohl auch hier das Ideal einer homogenen Lerngruppe von der Realität in den Klassen schon lange widerlegt ist, scheinen individuelle Förderung und die Orientierung an einer heterogenen Schülerschaft nach wie vor nur schwer zum gymnasialen Selbstverständnis zu passen. Aber auch im Gymnasium gibt es vielfältige Möglichkeiten und gute Gründe, den Weg für

---

16   Vgl. C. R. Kaiser, Das „Beratungsnetzwerk" der Melanchthon-Schule Steinatal – ein Ansatz inklusiver Pädagogik in der Praxis eines evangelischen Gymnasiums, in: J. Frank / U. Hallwirth, a.a.O., 131-145.

17   Z.B. Ch. Füller, Ausweg Privatschulen? Was sie besser können, woran sie scheitern, Hamburg 2010, 222f.

mehr individuelle Förderung zu öffnen. So hat sich an einigen evangelischen Gymnasien mittlerweile das Modell „Schüler helfen Schüler" durchgesetzt. Leistungsstärkere Schüler/innen unterstützen als Lernhelfer ihre Mitschüler und erfahren zugleich selbst eine besondere Förderung, indem sie als „Schülerlehrer"[18] ihre Fähigkeiten neu erproben und ausbauen. Beispiele dafür geben das *Evangelische Gymnasium Siegen* oder das *Evangelische Gymnasium Meinerzhagen*.

Weitreichender noch sind Modellversuche, die gezielt einen Beitrag zu mehr Bildungsgerechtigkeit unter gymnasialen Bedingungen leisten. Das Projekt *ChagAll* des *Gymnasiums Unterstraß* in Zürich, mit dem die Schule 2. Preisträger des Wettbewerbs der Barbara-Schadeberg-Stiftung 2010 wurde, belegt dies eindrücklich.

Benachteiligten Jugendlichen gerechtere Bildungschancen zu geben ist das Anliegen des Gymnasiums Unterstraß. Es gehört zum Institut *unterstrass.edu.*, das zugleich Ausbildungsstätte für Vorschulstufen- und Primallehrkräfte ist und sich zudem in Weiterbildung und Forschung engagiert.

Ähnlich wie in Deutschland gilt auch im Schweizer Kanton Zürich ein gegliedertes Schulsystem. Ab dem 7. Schuljahr teilen sich hier die Schullaufbahnen. Wer eine Aufnahmeprüfung schafft, kann direkt auf das 6-jährige Gymnasium wechseln. Die anderen werden in der Sekundarstufe auf unterschiedliche Niveaus verteilt, die in etwa der der Realschule und Hauptschule im deutschen Schulsystem entsprechen. Wer nach der Sekundarschule eine Aufnahmeprüfung besteht, kann dann eine Mittelschule besuchen, d.h. auf ein Gymnasium, eine Fachmittelschule oder eine Berufsmittelschule wechseln.

Doch auch in der Schweiz sind diese weiterführenden Bildungswege für Kinder mit Migrationshintergrund schwieriger zu meistern als für die anderen. Daher wurde in Unterstraß „*ChagALL*" konzipiert – Chancengerechtigkeit durch Arbeit an der Lernlaufbahn – Ein Förderprogramm für begabte jugendliche Migrantinnen und Migranten aus ökonomisch schwachen Verhältnissen.[19] Ziel ist es, begabten und motivierten Jugendlichen, deren Eltern beide fremdsprachig sind und die in bescheidenen finanziellen Verhältnissen leben, mit Hilfe eines gezielten Auswahl-, Trainings- und Begleitprogramms den Wechsel ins Gymnasium oder eine andere Mittelschule zu ermöglichen. Dazu müssen die Lehrpersonen an der jeweiligen Sekundarschule ihnen zunächst das intellektuelle Potenzial für eine Mittelschule zusprechen. Zugleich müssen die Schülerinnen und Schüler in einem Aufnahmeverfahren Motivation, Selbstdisziplin und die notwendige soziale Kompetenz für das Förderprogramm ausweisen.

---

18 So heißen sie z.B. am Ev. Gymnasium Siegen.

19 Zum Folgenden „ChagALL" – Ein Förderprogramm für begabte jugendliche Migratinnen und Migranten aus ökonomisch schwachen Verhältnissen. Beitrag zum Wettbewerb der Barbara-Schadeberg-Stiftung 2010.

Rekrutierung der Zielgruppe

Der erste entscheidende Schritt besteht darin, dass das Gymnasium aktiv auf die potenziellen Schülerinnen und Schüler zugeht. Dazu werden Sekundarschulen mit hohem Migrationsanteil besucht und die Jugendlichen der Jahrgangsstufe 8 vor Ort über das Modell informiert. Wer geeignet scheint und Interesse bekundet, wird für die Teilnahme empfohlen und entsprechend zu einem Aufnahmeverfahren eingeladen. Ähnlich wie beim Programm des *Toronto District School Board* gehört auch hier der frühe Einbezug der Eltern mit zum Konzept. Deren Unterstützung ist eine wichtige Voraussetzung für das Gelingen.

Aufnahmeverfahren

Am Ende des 8. Schuljahres findet das Aufnahmeverfahren statt. Es umfasst eine fachliche Standortbestimmung in Deutsch, Französisch und Mathematik, ein von den Schülern zu verfassendes sog. Motivationsschreiben, Intelligenztests wie Leistungsmotivationstests und ein Aufnahmegespräch. In einem Informationsabend mit Schüler/innen und deren Eltern geht es um die Bedingungen und den Ablauf des Programms bis hin zur Unterzeichnung eines Ausbildungsvertrages.

Trainingsprogramm

Das Trainingsprogramm beginnt mit einer Zeremonie, in der die unterschiedlichen Herkunftsländer wahrgenommen und jedes in seiner Besonderheit gewürdigt wird. Wieder sind die Eltern eingebunden. Das Trainingsprogramm für die Schüler/innen im 9. Schuljahr dauert sieben Monate und besteht aus einem fachlichem Training in Fächern wie Deutsch, Französisch und Mathematik. Begonnen wird zunächst in der Gruppe, dann aber wird das Training zunehmend individualisiert. Neben den fachlichen Einheiten gibt es an Blocktagen, die auch den Samstag einschließen, Persönlichkeitstrainings und zusätzliche freiwillige Lernzeiten mit Coaching an Samstagvormittagen. Am Ende steht die Aufnahmeprüfung in eine der Mittelschulen.

Individuelle Beratung und Begleitung

Dieses gezielte Förderkonzept, das von den Jugendlichen viel Engagement und Arbeitseinsatz erfordert, wird durch individuelle Beratung und Begleitung ergänzt, insbesondere auch, um die passende Anschlussschule zu finden. Zugleich sollen die Schüler/innen motiviert werden, sich selbst als Mentoren für nachfolgende Jahrgänge bereitzustellen, d.h. als Assistenztrainer ihre Erfahrungen weiterzugeben. Der Grundsatz jedes Mentorensystems, eigene Kompetenzen zu fördern und weiterzuentwickeln, indem man andere unterstützt, wird damit auch in diesem Konzept umgesetzt.

Das Modell wird in der Testphase (2008/2009) und in der Pilotphase (drei Jahre ab Schuljahr 2009/2010) extern evaluiert. Nach der Pilotphase soll das Modell im Idealfall von staatlichen Schulen in der Schweiz übernommen werden. Dann könnte daraus ein umfassendes Programm zur Förderung von jungen Migrantinnen und Migranten werden. Im Testjahr 2008-2009 haben drei Jungen und neun Mädchen das Projekt durchlaufen, acht davon an der Sekundarschule Niveau A. Sie kamen aus Bosnien, Chile, Marokko, Mazedonien, dem Kosovo, den Philippinen, aus Portugal, Serbien, Thailand und der Türkei.[20] Man kann einwenden, dass *ChagALL* nicht das Schulsystem ändert und selbst wieder eine ausgewählte, weil leistungsmotivierte Klientel anspricht. Aber das *Gymnasium Unterstraß* schlägt mit diesem Projekt eine wichtige Schneise zu mehr Durchlässigkeit. Es hat einen konkreten Weg gefunden, wie in einem gegliederten Schulsystem ein Gymnasium seinen spezifischen Beitrag zu mehr Bildungsgerechtigkeit leisten und benachteiligten Schülerinnen und Schülern Chancen auf einen besseren Bildungsabschluss eröffnen kann. Dass sich das lohnt, lassen die Rückmeldungen und Danksagung von Schüler/innen ahnen, die das Programm erfolgreich absolviert haben. Jeder und jede, die mithilfe gezielter Fördermodelle eine Chance auf mehr Bildung erhält, rechtfertigt gerade aus evangelischer Perspektive solche Entwicklungsansätze. Insofern sollte dieses Modell nicht nur in der Schweiz „Schule machen".

2.3 Heterogenität bejahen – die Perspektive von Integration und Inklusion

Zur Öffnung für unterschiedliche und benachteiligte Zielgruppen und zur Entwicklung spezieller Beratungs- und Förderkonzepte gehört drittens als logische Konsequenz die durchgehende Perspektive eines gemeinsamen Lernens im Sinne einer inklusiven Schule. Mit ihr verändern sich Schulstruktur wie Lernkultur, und Heterogenität wird zur Selbstverständlichkeit.

Inklusion gilt als globale Schlüsselstrategie für die Umsetzung einer *Bildung für Alle*. Bekannt wurde sie 1994 durch die UNESCO-Deklaration von Salamanca 1994. Sie forderte, dass „...Schulen alle Kinder, unabhängig von ihren physischen, intellektuellen, sozialen, emotionalen, sprachlichen oder anderen Fähigkeiten"[21] aufnehmen sollen. Mit dem Inkrafttreten der UN-Behindertenrechtskonvention am 23. März 2009 wurde dieser Ansatz auch für Deutschland verbindlich. Alle Kinder und Jugendlichen, mit und ohne Behinderung, sollen in den allgemeinbildenden Schulen gemeinsam unterrichtet werden und miteinander und voneinander lernen.

Inklusion sieht Unterschiedlichkeit in allen Bereichen als Normalität. Die grundsätzliche Umstellung liegt darin, dass die inklusive Schule nicht erwartet, dass die Schülerinnen und Schüler an sie angepasst werden, sondern dass die Schu-

---

20 Angaben aus dem Wettbewerbsbeitrag der Schule.
21 UNESCO (Hrsg.), Die Salamanca Erklärung über Prinzipien, Politik und Praxis der Pädagogik für besondere Bedürfnisse, 1994.

le sich den Kindern anpassen muss. Die weiter oben vorgestellte *Schule für Circus-kinder* gibt dafür ein besonders eindrückliches und anschauliches Beispiel. Aber Inklusion hat viele Facetten und Ansprüche. Die Frage, wie viel Verschiedenheit möglich ist, ist auch eine Frage angemessener Ressourcen und der Präsenz sonderpädagogischer Kompetenz. Die *Waldhofschule Templin* hat auf diesem Feld als evangelische Schule ein besonderes Zeichen gesetzt. Mit ihrem Inklusionskonzept gehörte sie beim Deutschen Schulpreis 2010 zu den Preisträgern. Die *Waldhofschule* wurde zum Beispiel, wie Behinderte und Regelschüler gemeinsam lernen und dabei herausragende Leistungen erzielen. Als Förderschule und Grundschule, die in Berlin von der 1. bis zur 6. Klasse reicht, verzichtet sie auf Sitzenbleiben und bis zur 5. Klasse auch auf Noten.

2003 wurde die Schule integrativ, das heißt sie begann als Förderschule nicht behinderte Kinder aufzunehmen. 2010 waren an der Waldhofschule knapp die Hälfte der 260 Schüler behindert, viele davon geistig behindert.[22] Die Waldhofschule verdeutlicht, dass inklusive Schule auch besonderer Bedingungen bedarf. Die Räume der Schule sind für individualisiertes Lernen unter den Bedingungen von Kindern mit und ohne sonderpädagogischen Förderbedarf gestaltet, und der Personalschlüssel trägt den Ansprüchen, die Lernen und Betreuen unter inklusiven Bedingungen stellt, besonders Rechnung.[23] Diese Situation stellt aber auch im evangelischen Schulbereich eine Besonderheit dar und kann nicht für alle Schulen vorausgesetzt werden.

Gemeinsames und individualisiertes Lernen ist für evangelische Regelschulen jedoch zunehmend ein zentrales Handlungsprogramm. Veränderte Lehr- und Lernformen sind gerade an Grundschulen wichtiger Bestandteil des Konzept- und Profilverständnisses. In durchgehender und schlüssiger Weise wird dies beim dritten Preisträger des Wettbewerbs der Barbara-Schadeberg-Stiftung 2010 deutlich. Die *Heinrich-Albertz-Schule – Evangelische Grundschule Salzgitter* wurde als gebundene Ganztagsgrundschule erst 2008 gegründet.[24] Sie steht also noch am Anfang und hat infolgedessen geringe Schülerzahlen. Mit 21 Kindern hat sie begonnen, im folgenden Schuljahr kamen 18 neue Schüler/innen dazu. Mit dieser kleinen Schülerschar kann im Blick auf Inklusion und individuelle Förderung sicher vieles leichter umgesetzt werden, was an großen Schulen schwieriger wird. Aber die Schule setzt deutliche Akzente, die auch für andere Schulen vorbildlich werden könnten. Evangelische Grundschulen sind meist ein Anliegen besonders engagierter Eltern. Umso wichtiger wird die eingangs aufgeworfene Frage, wie evangelische Schulen

---

22   Vgl. Robert Bosch Stiftung (2010), Deutscher Schulpreis 2010. Schulportrait: Waldhofschule, Templin. Online: http://schulpreis.bosch-stiftung.de/content/language1/html/11746.asp (Zugriff: 12.04.2011).
23   Vgl. Robert Bosch Stiftung 2010, a.a.O.
24   Vgl. den Wettbewerbsbeitrag der Schule für den Barbara-Schadeberg-Wettbewerb 2010.

vermeiden können, im Blick auf ihre Zielgruppe – wenn auch unbeabsichtigt – selektiv zu werden. Die Heinrich-Albertz-Schule in Salzgitter legt daher fest, dass ein Drittel ihrer Schülerschaft aus sozial schwachen Familien stammen muss.

Öffnung hin zu mehr Heterogenität wird aber auch daran sichtbar, dass die gesamte Schulstruktur konsequent auf Förderung ausgerichtet ist. Jahrgangsübergreifende Lerngruppen gehören ebenso dazu wie die Verankerung selbstständiger Lernformen. Hilfeleistungen durch Mitschüler/innen haben Vorrang vor Lehrerhilfe entsprechend der Erkenntnis, dass in jahrgangsübergreifenden Lerngruppen die Neulinge durch Zusehen lernen, während die Experten... sich beim Unterstützen der Jüngeren ihres eigenen Tuns vergewissern (können, U.H.). Didaktisch bedeutet das, eine Lernumgebung zu entwickeln, die neben individualisiertem Lernen vor allem kooperatives und gemeinsames Lernen ermöglicht und anregt."[25]

Um den Leitsatz der Schule, *„Jeder guter Unterricht ist Förderunterricht"* umsetzen zu können, setzt die Schule strukturell auf die Form der gebundenen Ganztagsschule. Sie ermöglicht von früh morgens (offener Anfang) bis zum Nachmittag (15.00 Uhr) den Tag pädagogisch zu strukturieren und Förderung selbstverständlich und durchgängig in den Unterricht zu integrieren. Damit unterscheidet sich das Konzept von der an evangelischen Schulen bisher bevorzugten Form der offenen Ganztagsschule. Die gebundene Ganztagsschule rhythmisiert konsequent den Lernprozess; entsprechend kennt die *Heinrich-Albertz-Schule* keinen Stundenplan und keinen 45-Minuten-Takt. Es gibt kein Pausenzeichen, sondern einen Tagesablaufplan, der Arbeits- und Entspannungsphasen sowie Bewegungseinheiten vorsieht. Die Öffnung der zeitlichen Struktur wird unterstützt durch die räumliche Öffnung des Unterrichts. Für die verschiedenen Sozialformen, in denen Unterricht stattfindet, gibt es entsprechend unterschiedliche Räume im Schulgebäude und reservierte Ecken in den Klassenzimmern. Dieser Offenheit für den individuellen Lernprozess entspricht der Verzicht auf Ziffernzeugnisse. Ersetzt werden sie durch ein Textzeugnis für die Eltern mit Angaben zum Arbeits-und Sozialverhalten sowie zu den Fachleistungen und durch einen subjektiven Lernbericht für die Schüler/innen, die so individuell gewürdigt werden.

Die Unterrichtsstruktur beruht auf freier Still- und Wochenplanarbeit und auf selbstorganisiertem Lernen. Im vernetzten Unterricht wird Religion zum Leitfach. In Anlehnung an den Marchtaler Plan[26] wurde der sog. Calbrechter Plan (benannt

---

25 D. Kurcharz, Jahrganggemischtes Lernen in: Th. Bohl u.a. (Hrsg), Handbuch Schulentwicklung a.a.O., 333-335, hier 335.

26 „Der Marchtaler Plan ist der verbindliche Rahmenplan für die Katholischen Freien Schulen in der Diözese Rottenburg-Stuttgart und dient der Verwirklichung ihrer Zielsetzungen im Sinne der Bischöflichen Grundordnung. Er wurde 1984 als Erziehungs- und Bildungsplan für die Katholischen Freien Grund- und Hauptschulen eingeführt. Inzwischen liegen Marchtaler Pläne für alle allgemein bildenden Schularten, für die Fachschule für Sozialpädagogik und

nach einem Stadtteil von Salzgitter) entwickelt, der den Religionsunterricht in alle Fächer einbindet. Damit unterscheidet sich die Schule wesentlich von anderen evangelischen Grundschulen. Der Anspruch, Heterogenität pädagogisch fruchtbar zu machen, trifft damit auf ein schulisches Konzept, das konsequent und stringent alle Bereiche dieser Vorgabe anpasst und so durchgehende Möglichkeiten zur Umsetzung individueller Förderung schafft. Für die weitere Schulentwicklung sollten so auch bei steigenden Schülerzahlen wesentliche Weichen gestellt sein.

Wirksamer Umgang mit Heterogenität ist aber nicht nur Aufgabe der Grundschule. Zunehmend werden entsprechende Konzepte auch an Schulen der Sekundarstufe notwendig werden, schon allein im Zuge der schulstrukturellen Veränderungen in den Bundesländern. Mit der Zusammenlegung von Haupt- und Realschulen sowie der Entwicklung unterschiedlicher Formen von Gemeinschafts- oder Oberschulen nehmen auch in der Sekundarschule die Möglichkeiten bzw. die Notwendigkeit eines binnendifferenzierten Lernens zu.

Die Evangelische Schule Berlin Zentrum, die Gewinnerschule des Barbara-Schadeberg-Preises 2010, vertritt als Gemeinschaftsschule ein solches Konzept. 2006 gegründet gehört sie zu den Pilotschulen des Berliner Projekts *Gemeinschaftsschule.* Damit bietet sich die Chance, an den Unterstützungssystemen für diesen Schulversuch des Berliner Senats zu partizipieren. Die Gemeinschaftsschule lässt Kinder und Jugendliche von der 1. bis zur 10. Klasse bzw. bis zum Abitur gemeinsam lernen und stellt damit eine bewusste Alternative zum gegliederten Schulsystem dar. Die *Evangelische Schule Berlin Zentrum* ist zwar eine reine Sekundarschule, aber sie wurde nicht zuletzt gegründet, um im Anschluss an die ebenfalls renommierte *Evangelische Grundschule Berlin Mitte* ein weiterführendes Angebot bereitzustellen. Die *Evangelische Grundschule Berlin Mitte*, Preisträgerin des Barbara-Schadeberg-Wettbewerbs 2006, unterrichtet jahrgangsübergreifend Kinder mit und ohne sonderpädagogischen Förderbedarf. Die Schule *Berlin Zentrum* sollte entsprechend in der Sekundarstufe das fortführen, was in *Berlin Mitte* so gut begonnen worden war.

Die Schule begann in der 7. Jahrgangsstufe mit 16 Schüler/innen und hatte im August 2010 bereits 290 Schülerinnen und Schüler. Auch hier ist die Klientel nicht so homogen wie vielleicht vermutet. 20% der Schüler/innen sind schulgeldbefreit,

---

für verschiedene Sonderschulen vor. Da das Gesamtkonzept vorwiegend an der Kirchlichen Akademie der Lehrerfortbildung Obermarchtal entwickelt wurde, wurde ihm der Name >Marchtaler Plan< gegeben. Er stellt eine in sich geschlossene und durchgängige Konzeption von Erziehung und Bildung in allen Schultypen und Klassenstufen dar." Zit. nach Grundlagen des Marchtaler Plans. Stiftung Katholische Freie Schule der Diözese Rottenburg-Stuttgart. Online im Internet: http://www.schulstiftung.de/index.php?id=8&PHPSESSID=c864309425e51d00aadd3500c3e 70e9c (Zugriff: 02.03.2011).

d.h. sie stammen aus sozial schwachen Familien, 15% bringen psychosoziale Probleme mit und ca. 15% haben eine Migrationshintergrund, wenn auch keine grundlegenden Probleme mit der deutschen Sprache.[27] Schließlich beschult die Schule 15 Jugendliche mit sonderpädagogischem Förderbedarf, der von Lernbehinderung bis zum Asperger Syndrom reicht.

Dabei kann die Schule nicht auf ideale äußerliche Voraussetzungen zurückgreifen. „Es sieht aus wie ein Plattenbau-Museum. Vom Tor aus fällt der Blick auf zwei Gebäuderiegel, die den Odem eines Wohnsilos des Arbeiter- und Bauernstaates verbreiten. Es wird von Baucontainern umringt...".[28]

Trotz der schwierigen Umstände setzt die Schule ein Förderkonzept um, das in der Sekundarstufe I konsequent durchbuchstabiert wird von der Schulstruktur über die Schulkultur bis zur Lernkultur. Die Schule hat sich dabei von Beginn an vernetzt und partizipiert entsprechend von den unterschiedlichen Anregungen und Entwicklungen, der *Index für Inklusion* gehört ebenso dazu wie die Gesundheitsförderung nach der *Ottawa Charta* oder die *Agenda 21*, das Leitbild für nachhaltige Entwicklung. *„Bei uns heißt es nicht mehr Unterricht, sondern Lernen"*, *„so individuell wie möglich, aber immer auch gemeinsam."* so die Schule. Die Schüler/innen sind Subjekte ihres Lernens, sie stehen im Mittelpunkt, und an ihren Stärken anzusetzen und sie auszubauen ist Kern des Förderansatzes.

Dabei zeigt sich, dass auch in der Sekundarschule Lernen in jahrgangsgemischten Gruppen (7-9) möglich ist. Um stabile Beziehungen aufzubauen und zu sichern gibt es täglich eine Klassenstunde, und auch die vorgesehenen sechs Projektstunden werden mit den Klassenlehrer/innen durchgeführt. Der Lernprozess bietet viele Wahlmöglichkeiten, um individualisiertes Lernen nach eigenen Rhythmen und je nach Lernstand umzusetzen. Das Lernbüro gehört ebenso dazu wie die Lernwerkstätten oder das Lernen im Projekt.

Das Lernbüro ermöglicht individuelles Lernen in besonderem Maße. Während bei der Binnendifferenzierung innerhalb einer Lerngruppe unterschiedliche Lernangebote gemacht werden,[29] geht diese Form noch einen Schritt weiter, indem jeder Schüler/jede Schülerin zunächst entscheidet, in welchem Fach er/sie arbeiten will. Das Lernbüro bietet so ein ganz spezifisches Lernangebot, orientiert am individuellen Lernstand, dem individuellen Lerntempo und einem jeweils gewählten Lernschwerpunkt.

Im Projektunterricht werden die Fachbereiche der Gesellschaftslehre, Religion, Naturwissenschaft und Sprachen focussiert und verbunden. Die jeweiligen Lehrplaninhalte werden so fächerübergreifend, epochal und exemplarisch unter einem

---

27 Die Angaben sind dem Wettbewerbsbeitrag der Schule entnommen.
28 Ch. Füller, a.a.O., 43.
29 Vgl. I. Kunze / C. Sulzbacher, Umgang mit Heterogenität, Differenzierung, Individualisierung, in: Th. Bohl u.a. (Hrsg), Handbuch Schulentwicklung, a.a.O., 329-333, hier 329.

Oberthema bearbeitet. Während das Lernbüro Lernen individualisiert, steht im Projekt die gemeinsame Arbeit einer Gruppe im Mittelpunkt.

Die Lernwerkstätten sind vor allem auf ein praxisorientiertes und forschendes Lernen ausgerichtet, wobei die Schülerinnen und Schüler ihre eigenen Interessen einbringen können.

Lernen an einer evangelischen Schule heißt immer auch fähig und bereit zu werden, Verantwortung zu übernehmen und sich in seiner Persönlichkeit weiterzuentwickeln. Daher ist nicht verwunderlich, dass die Schule zwei Gedanken, die auch aus Hamburger Reformschulen bekannt sind, aufgegriffen hat: Im Projekt *Verantwortung* übernimmt jeder Schüler für zwei Jahre eine verantwortliche Aufgabe im Gemeinwesen, z.B. durch den Einsatz in einem Kindergarten. In der sog. *Herausforderung* gilt es in den Jahrgängen 8 – 10 drei Wochen lang eine Herausforderung außerhalb von Berlin zu meistern. Dazu suchen sich die Schüler/innen allein oder in kleinen Gruppen eine Aufgabe, das kann z.B. eine Radtour von Berlin zur Ostsee sein. Die Gruppe übernimmt dabei spezielle Aufgaben, kümmert sich um die Organisation der Tour und lernt, mit dem zur Verfügung stehenden Geld umzugehen. Vor allem aber wird es wichtig, gemeinsam als Gruppe über einen längeren Zeitraum miteinander zurecht zu kommen.

Lernen, Wissen zu erwerben, Lernen zusammen zu leben, Lernen zu handeln, so konkretisiert die Schule ihre Orientierung an Werten und Sinnfragen. Projekte wie *Verantwortung* oder die *Herausforderung* sind dafür ebenso Beispiel, wie ein Lernen durch *Engagement,* bei dem die Schüler/innen als Lehrerfortbildner Workshops für Lehrkräfte anderer Schulen durchführen und die Besonderheiten ihrer Schule vermitteln. Dass zu dieser Schulkultur auch fördernde Arbeitsbedingungen für das Schulpersonal und die Verzahnung von Elternhaus und Schule gehören, sei ebenfalls betont. So müssen sich alle Eltern mindestens drei Stunden monatlich aktiv einbringen, sei es in einer Arbeitsgemeinschaft, in einem Projekt o.ä..

Aus dem Bericht einer Mutter[30] wird deutlich, was die Schule auszeichnet und was Lernen unter dem Zeichen von Heterogenität in der Praxis bedeutet. Folgende Kriterien lassen sich festhalten:

– Lernen findet in gemischten Zielgruppen statt unter Einschluss von Kindern mit sonderpädagogischem Förderbedarf und in zugleich jahrgangsgemischten Gruppen. Schülerinnen und Schüler erfahren sich so in den Lerngruppen in unterschiedlichen Rollen und können dadurch auch in ihrem Selbstwertgefühl gestärkt werden.

---

30 Aus dem Wettbewerbsbeitrag der Schule.

– Lernen bedeutet selbstständiges Lernen mit Formen innerer Differenzierung.

– Die Schülerinnen und Schüler erfahren zusätzliche Unterstützung und Förderung, ausgerichtet am Bedürfnis des Einzelnen, z.b. durch spezielle Förderpläne für Schüler mit Verhaltensauffälligkeiten oder Handicaps, immer auf dem Hintergrund einer gezielten Förderdiagnostik.

– Unterricht bedeutet Lernen an unterschiedlichen Interessen und eigenen Stärken. Die Lernenden werden im Projekt und in der Werkstatt ernst genommen.

– Auch in dieser Schule gibt es Konflikte; gemeinsames Lernen bedeutet nicht, in einer krisenfreien Idylle zu leben. Wichtig ist das sorgfältige Eingehen auf Probleme und ein entsprechend konsequentes Vorgehen.

– Schüler/innen übernehmen Verantwortung und sind gefordert etwas auszuprobieren, was sie sonst nicht gemacht hätten. Der Blick ist immer auf das Kind gerichtet, darauf, was es benötigt und wie man es unterstützen kann. Was auch bedeutet, angemessene methodische, personelle, strukturelle und materielle Hilfe zu geben.

Das evangelische Profil der Schule ist die Basis dieser pädagogischen Konzeption und Ansporn für seine tägliche Umsetzung. In Zukunft will sich die Schule verstärkt mit dem Anspruch an eine inklusive Schule auseinandersetzen – die Voraussetzungen für einen erfolgreichen Weg scheinen bei dem hier bereits geübten Umgang mit Heterogenität aber bereits gegeben.

3 Heterogenität bejahen – Professionalität fördern

Alle genannten Beispiele machen deutlich, dass von Schulen, die Heterogenität bejahen und entsprechende Konzepte in ihrer Schulwirklichkeit umsetzen, ein hoher Grad an Professionalität gefordert ist.

Nicht zufällig finden sich in den Berichten der verschiedenen Beispielschulen immer wieder Hinweise auf gezielte Fort- und Weiterbildung, die diese Prozesse möglich machen. Fortbildung ist dabei nicht als Ausdruck der individuellen Neigung einer Lehrkraft gefragt, sondern als eine an den gemeinsamen Zielen der Schulentwicklung ausgerichtete schulinterne Planung. Es geht darum zu sehen, wo man als Schule steht, wo man in der Schulentwicklung hin will und welche Qualifikationen man dafür benötigt.

3.1   Schulentwicklung als Voraussetzung und Motor
von Förderkonzepten

Schulentwicklung ist Motor und Voraussetzung für Veränderungsprozesse. Wirksame Schulkonzepte können von kleinen Teams zwar zunächst initiiert und erprobt werden; damit daraus aber tragende Modelle werden, bedarf es der Gemeinschaft aller Mitarbeitenden einer Schule und eines entsprechend verbindenden Identitätsgefühls.

Das belegt das Evangelische Firstwald Gymnasium Mössingen.[31] Die Schule ist Teil der evangelischen Schulen am Firstwald, zu dem ein Internat, eine neue Jenaplan-Grundschule und das Gymnasium mit Aufbaugymnasium zählen. In der Kategorie Schulentwicklung war die Schule 2010 ebenfalls Preisträger beim Deutschen Schulpreis. Prämiert wurde die Art und Weise, wie Veränderungen in Schule und Unterricht durch ein umfassendes und durchdachtes Schulentwicklungskonzept initiiert und erfolgreich vorangetrieben wurden. Die Schule hat dazu ein Schulentwicklungsteam eingesetzt, das sich regelmäßig trifft, öffentlich tagt und jährlich eine Klausur durchführt. Es gibt einen Konvent, der paritätisch mit Schüler/innen und Lehrkräften besetzt ist und Veränderungsvorschläge diskutiert. Eine Schuljahresabschlussklausur des gesamten Kollegiums widmet sich der Auswertung des Vergangenen wie den anstehenden Veränderungen im neuen Schuljahr. Ein Jahresthema strukturiert die pädagogischen Schwerpunkte und damit auch die Fortbildungsthemen. Schließlich setzt das Forum Schulentwicklung mit Eltern, Lehrkräften und Schüler/innen mehrmals jährlich in seinen Tagungen Impulse für die Veränderung der Ganztagsstruktur der Schule.

Hinter dieser Liste schulischer Aktivitäten verbirgt sich ein hohes Maß an Engagement aller Beteiligten, das zugleich Basis für Zusammengehörigkeit und für Lust auf Innovation und Veränderung ist. So gelebte und gestaltete professionelle Schulentwicklung ist Brücke und Bedingung, um Förderkonzepte und inklusive Schulmodelle nachhaltig umzusetzen und weiterzuentwickeln.

3.2   Netzwerke als Motor auf dem Weg zur inklusiven Schule

Professionalität bezieht sich auf die Schule als Ganzes. Nicht jeder und jede muss alles können und alles in sich vereinen. Wenn evangelische Schulen die anstehenden Herausforderungen annehmen wollen, müssen Strategien zur Personal- und Schulentwicklung vorhanden bzw. abrufbar sein; muss es Konzepte geben, nach denen man sich Expertise von außen holen und sich in einem Netzwerk verschiedener Professionen, Beratungsstellen und Schulen gegenseitig unterstützen kann.

---

31   Zum folgenden vgl. Wettbewerbsbeitrag der Schule für den Barbara-Schadeberg-Preis 2010.

Netzwerke werden auf dem Weg zur Inklusion in Zukunft sicher stärker noch als bisher von tragender Bedeutung sein. Denn sie sind ein wirksames Mittel, um Qualität und Professionalität zu sichern und voranzutreiben, indem Erfahrungen und Kompetenzen fokussiert und wechselseitig ausgetauscht werden. Sie sind die Basis, um schulische Kompetenzzentren aufzubauen und so einen wirksamen, wissenschaftlich wie praktisch fundierten Umgang mit Heterogenität zu sichern.

Zunächst geht es dabei um die *innerschulische Teambildung*: Keimzelle sind Kollegen- bzw. Jahrgangsteams, die gemeinsam planen und sich austauschen. Beispiele finden sich an vielen evangelischen Reformschulen, die ihren veränderten Unterricht nur auf Teambasis umsetzen können. In der inklusiven Schule wäre dies auszubauen zu einem Klassenteam, zu dem neben dem Grundschulpädagogen auch ein Sonder- und Sozialpädagoge gehören. Natürlich ist auch eine intensive Elternarbeit notwendiger Bestandteil einer inklusiven Schule, und auch auf diesem Gebiet haben evangelische Schulen bereits viele Erfahrungen gesammelt, auf die man aufbauen kann. Ein innerschulisches Netzwerk zur Beratung und Prävention kann die Kompetenzen unterschiedlicher Kollegen und unterschiedlicher Professionen nutzen und so für eine optimale Förderung Sorge tragen.[32]

Dieses innerschulische Kompetenzzentrum vernetzt sich zugleich in die eigene Kommune, Gemeinde und Region, um deren vielfältige Unterstützungseinrichtungen zu nutzen. Am Beispiel der *Melanchthon Schule* wurde deutlich, welchen Wert ein so gestaltetes Netzwerk für die tägliche Beratungsarbeit besitzt. Auch die *CJD Hauptschule Versmold* belegt die Wirkung dieses Ansatzes. Große evangelische Schulträger haben zudem die Chance, ihre eigenen Einrichtungen, schulische wie außerschulische, zu verbinden und so eigene Kompetenzzentren zu entwickeln, die voneinander profitieren und sich dabei selbst weiterentwickeln. Nicht zuletzt wird es darum gehen, Erfahrungen im wirksamen Umgang mit Heterogenität im evangelischen Schulwesen bundesweit zu vernetzen und so alle Möglichkeiten der Weiterentwicklung und Unterstützung zu nutzen.

Unabhängig von der jeweiligen Reichweite ist der Grundgedanke und die Zielsetzung solcher Netzwerke immer der Erfahrungsaustausch zwischen den verschiedenen Akteuren. Es geht um die Einbindung schulpraktischer wie theoretisch-wissenschaftlicher Kompetenz. Ziel ist das Zusammenspiel unterschiedlicher Professionen wie die Wahrnehmung der vielfältigen Unterstützungspartner. Netzwerke werden sichtbar in gemeinsamen Tagungen und Kongressen, aber insbesondere in wechselseitige Hospitationen im Sinne von Peer Reviews. Sie profitieren von der Bereitstellung von Materialien und dem Austausch von Expertinnen und Experten.

---

32 Vgl. auch Netzwerk Bildung, Inklusive Bildung. Die UN-Konvention und ihre Folgen. Hrsg. von R. Wernstedt / M. John-Ohnesorg, Schriftenreihe des Netzwerk Bildung, Berlin 2010.

Sie können Fragestellungen bündeln und gemeinsam zu ihrer Beantwortung beitragen.

4   Ausblick

Die künftigen Herausforderungen auf dem Weg zur inklusiven Schule sind auch für evangelische Schulen sicher nicht einfach zu bewältigen.

Daher wird es zunächst wichtig sein, in einer Bestandsaufnahme zu klären, wo evangelische Schulen im Blick auf individuelle Förderung und Heterogenität stehen. Welche Kriterien haben sie für die Aufnahme von Kindern, welche Zielgruppen erreichen sie und welche Ressourcen stehen ihnen zur Verfügung? Zugleich sind Beispiele und Modelle zu sichten, in denen z.b. allgemeine Schulen mit Förderschulen kooperieren und inklusive Schulen die Kompetenzen von Regelschule und Förderzentren in sich vereinen. Es geht darum, aufmerksam zu fragen, wie an bestehenden integrativen evangelischen Schulen die optimale Förderung gesichert wird und wie barrierefrei evangelische Schulgebäude und die im Unterricht eingesetzten Materialien sind.

All die in diesem Beitrag skizzierten Schulkonzepte und -modelle, die dahinter stehenden Ziele und begleitenden Prozesse sollten aber auch Mut machen. Die Vielfalt der Ansätze an evangelischen Schulen macht deutlich, dass es keinen Königsweg zur guten Schule gibt, dass unterschiedliche Voraussetzungen und Ausrichtungen unterschiedliche Wege notwendig machen, um „Heterogenität zu bejahen". Die Kriterien des *Toronto District School Board* zeigen zugleich, dass es übergreifende, immer wiederkehrende Grundsätze gibt, die Erfolg möglich machen und begleiten. An ihnen können und sollten sich Schulen ausrichten, wenn sie „ihren" Weg zur Inklusion suchen und beschreiten. Evangelische Schulen haben dafür an vielen Stellen und in vielen Formen bereits gute Ausgangsbedingungen zur Weiterentwicklung geschaffen.

Netzwerke gehören zu diesen Erfolgskriterien, und diese Möglichkeit sollte im evangelischen Schulwesen künftig stärker genutzt werden. Als Motor und Begleiter können sie in besonderer Weise die Qualitätsentwicklung evangelischer Schulen unterstützen. Die Vernetzung von guten evangelischen Beispielschulen, insbesondere auch der Preisträgerschulen des Barbara-Schadeberg-Wettbewerbs, könnte dafür wegweisend sein.

Zugleich würde so ein wichtiges Zeichen in der Bildungslandschaft gesetzt und die Forderung von Kirche und Diakonie nach mehr Bildungsgerechtigkeit in Deutschland unterstrichen und nachhaltig verstärkt. Kirche würde zeigen, dass Bildungsgerechtigkeit nicht nur eine Forderung an andere ist, sondern immer auch ein Auftrag nach innen, den es bezogen auf die eigenen Einrichtungen zu erfüllen gilt.

Aufwachsen in Würde und christliches Menschenbild – Religionspädagogische Annäherungen

Martin Schreiner

1   Literarisches Entree

„Pierre Anthon verließ an dem Tag die Schule, als er herausfand, dass nichts etwas bedeutete und es sich deshalb nicht lohnte, irgendetwas zu tun.

Wir anderen blieben.

Und auch wenn die Lehrer sich bemühten, rasch hinter ihm aufzuräumen – sowohl im Klassenzimmer als auch in unseren Köpfen –, so blieb doch ein bisschen von Pierre Anthon in uns hängen. Vielleicht kam deshalb alles so, wie es kam. Es war in der zweiten Augustwoche. Die Sonne brannte und machte uns faul und leicht reizbar, der Asphalt klebte an den Sohlen unserer Turnschuhe, und die Äpfel und Birnen waren gerade eben so reif, dass sie perfekt als Wurfgeschoss in der Hand lagen. Wir schauten weder links noch rechts. Der erste Schultag nach den Sommerferien. Das Klassenzimmer roch nach Reinigungsmitteln und langem Leerstehen, die Fensterscheiben warfen gestochen scharfe Spiegelbilder, und an der Tafel hing kein Kreidestaub. Die Tische standen in Zweierreihen so gerade wie Krankenhausflure und wie sie es nur an ebendiesem einen Tag im Jahr tun. Klasse 7A. Wir gingen zu unseren Plätzen, ohne uns über die vorgegebene Ordnung aufzuregen.

Kommt Zeit, kommt Rat, kommt Unordnung. Aber nicht heute!

Eskildsen begrüßte uns mit demselben Witz wie in jedem Jahr.

»Kinder, freut euch über den heutigen Tag«, sagte er. »Ohne Schule gäbe es auch keine Ferien.«

Wir lachten. Nicht, weil wir das witzig fanden, sondern weil er es sagte.

Genau da stand Pierre Anthon auf.

»Nichts bedeutet irgendetwas«, sagte er. »Das weiß ich schon lange. Deshalb lohnt es sich nicht, irgendetwas zu tun. Das habe ich gerade herausgefunden.« Ganz ruhig bückte er sich und packte die Sachen, die er gerade herausgenommen hatte, wieder in seine Tasche. Mit gleichgültiger Miene nickte er uns zum Abschied zu und ging hinaus, ohne die Tür hinter sich zu schließen.

Die Tür lächelte. Es war das erste Mal, dass ich sie das tun sah. Mir kam die angelehnte Tür wie ein breit grinsendes Maul vor, das mich verschlingen würde, wenn

ich mich dazu verlocken ließ, Pierre Anthon nach draußen zu folgen. Wem lächelte
es zu? Mir, uns allen. Ich sah mich in der Klasse um, und die ungemütliche Stille
sagte mir, dass die anderen es auch bemerkt hatten.
Aus uns sollte etwas werden.
Etwas werden bedeutete jemand werden, aber das wurde nicht laut gesagt. Es wurde auch nicht leise gesagt. Das lag einfach in der Luft oder in der Zeit oder im Zaun
rings um die Schule oder in unseren Kopfkissen oder in den Kuscheltieren, die,
nachdem sie ausgedient hatten, ungerechterweise irgendwo auf Dachböden oder in
Kellern gelandet waren, wo sie Staub ansammelten. Ich wusste es nicht. Pierre
Anthons lächelnde Tür erzählte es mir. Mit dem Kopf wusste ich es immer noch
nicht, aber trotzdem wusste ich es.
Ich bekam Angst. Angst vor Pierre Anthon.
Angst. Mehr Angst. Am meisten Angst." (8ff.).[1]

Mit diesen Sätzen beginnt der irritierende dänische Jugendroman „Nichts. Was im
Leben wichtig ist" der 1964 geborenen Autorin Jane Teller, das im Jahre 2000 veröffentlicht worden und mit zehnjähriger Verspätung in deutscher Übersetzung von
Sigrid C. Engeler im Carl Hanser Verlag erschienen ist. Diese zunächst in Däne-
mark, Frankreich und Norwegen in manchen Schulen verbotene und dann preisge-
krönte Parabel löste auch in Deutschland eine intensive Diskussion aus. Das aus
Sicht von Agnes, der mittlerweile erwachsenen Ich-Erzählerin, retrospektiv kühl
und abgeklärt geschriebene Buch über existenzielle Sorgen und Nöte der 22 um die
vierzehn Jahre alten Schülerinnen und Schüler einer siebten Klasse in einer däni-
schen Provinzstadt hat sich in Kürze ganz oben in den Bestsellerlisten etabliert. Es
ist ein „brutales und mutiges Buch"[2] mit Ecken und Kanten und keineswegs eine
glatt gebügelte Lektüre zum Zeitvertreib. Es geht um Alles und Nichts. Es geht um
die schneidend scharf gestellte Frage nach dem Sinn der menschlichen Existenz.[3]

„Pierre Anthon war von der Schule abgegangen, um im Pflaumenbaum zu sitzen
und mit unreifen Pflaumen zu werfen. Manche trafen uns. Nicht, weil Pierre

---

1   Jane Teller, Nichts. Was im Leben wichtig ist. Roman, München 2010.
2   Birgit Dankert, Ist alles nichts? Rezension zu Jane Teller, Nichts. Was im Leben wichtig ist,
    in: DIE ZEIT Nr. 32 vom 5.8.2010, 36.
3   „Mit Unerbittlichkeit und Konsequenz zwingt die Autorin ihre Leser in die Auseinanderset-
    zung mit Fragen wie: Was sind deine Werte? Welche dieser Werte besitzen eine so große
    Bedeutung, dass sie der Bedrohung durch Egoismus, Gewalt und Profitgier standhalten?
    Kann man am Sinn der Welt zweifeln und trotzdem den Prinzipien des anständigen Lebens
    folgen? Gehört es zum Erwachsenwerden, genau diese Fragen zu beantworten und danach zu
    leben?" (ebd.). Ähnliche Lektüreeindrücke vermitteln die beiden empfehlenswerten Jugend-
    bücher: Stephen Kelman, Pigeon English. Roman, Berlin 2011 und Iva Procházková, Die
    Nackten. Roman, Mannheim 2010.

Anthon auf uns zielte, das sei die Mühe nicht wert, beteuerte er. Der Zufall wolle es halt so. Und er rief hinter uns her.

»Alles ist egal«, schrie er eines Tages. »Denn alles fängt nur an, um aufzuhören. In demselben Moment, in dem ihr geboren werdet, fangt ihr an zu sterben. Und so ist es mit allem.« »Die Erde ist vier Milliarden sechshundert Millionen Jahre alt, aber ihr werdet höchstens hundert!«, rief er an einem anderen Tag. »Das Leben ist die Mühe überhaupt nicht wert.«

Und er fuhr fort:

»Das Ganze ist nichts weiter als ein Spiel, das nur darauf hinausläuft, so zu tun als ob – und eben genau dabei der Beste zu sein.«" (11).

Die Mitschülerinnen und Mitschüler sind hilflos. Die Erwachsenen als Dialogpartner über die existentielle Frage nach dem Sinn des Lebens scheiden angeblich aus:

„»Wir können uns nicht beschweren, weder bei Eskildsen noch beim Rektor oder irgendwelchen anderen Erwachsenen, denn wenn wir uns über Pierre Anthon im Pflaumenbaum beschweren, müssen wir erzählen, warum wir uns beschweren. Und dann müssen wir erzählen, was Pierre Anthon sagt. Und das können wir nicht, denn die Erwachsenen wollen nicht hören, dass wir wissen, dass nicht wirklich etwas etwas zu bedeuten hat und dass alle nur so tun als ob.« Jan-Johan machte eine große Geste, und wir stellten uns alle die Experten und Pädagogen und Psychologen vor, die kommen und uns studieren und mit uns reden würden und uns überzeugen wollten, bis wir am Ende aufgeben und wieder so tun würden, als ob doch etwas etwas zu bedeuten habe. Jan-Johan hatte recht: Das war nur Zeitverschwendung und würde uns nicht weiterbringen."(17)

Die Jugendlichen beginnen den Versuch Pierre Anthon zu „beweisen, dass es etwas gibt, was etwas bedeutet"(24)! Und nun beginnt eine unheimliche und immer grausamer werdende Sammlung von Gegenständen und später auch Lebewesen, um den Sinn des Lebens zu beweisen und den Nihilisten Pierre Anthon damit zu bekehren und zur Rückkehr in die Schule zu bewegen. Anfangs bringen die Schülerinnen und Schüler zum „Berg der Bedeutung" in einer alten Sägewerkshalle aus eigenen oder von Erwachsenen eingesammelten Beständen eine alte Puppe mit abgebissenem Kopf, ein altes Gesangbuch, einen hellroten Perlmuttkamm, eine Beatles-Kassette, Porzellanhunde, Fotografien von Eltern, die schon lange tot, oder Spielzeug von Kindern, die seit Langem erwachsen waren, ein paar alte Kleidungsstücke und sogar eine einzelne alte Rose. „Der Berg wuchs und wuchs. Im Laufe weniger Tage war er fast schon so groß wie die kleine Ingrid. Allerdings fehlte es ihm an tatsächlicher Bedeutung. Schließlich wussten wir doch alle, dass nichts von dem Eingesammelten einem von *uns* etwas bedeutete. Wie also sollten wir Pierre Anthon damit überzeugen? Nein, er würde uns sofort durchschauen. Nichts. Gar nichts. Überhaupt nichts." (27).

Nun geben sie in einem immer brutaleren Opferritual Sachen ab, die ihnen tatsächlich persönlich etwas bedeuten: von Dennis ein ganzer Stapel Dungeons & Dragons-Bücher, von Sebastian eine Angelrute, von Richard den vergötterten schwarzen Fußball, von Laura afrikanische Papageienohrringe und von der Erzählerin Agnes die halbhohen grünen Sandalen, die sie erst vor kurzem von ihrer Mutter im Schlussverkauf gekauft bekommen hat. Eine nach der anderen bestimmt nun, was die jeweils nächste abgeben muss: „Ich schaute auf meine nackten Füße und beschloss, dafür müsse Gerda bezahlen." (30). Es beginnt eine immer gewalttätigere Spirale an hinterlistigen Abgabeaufforderungen, die auch nicht vor Lebendigem zurückschreckt. Gerda muss den riesigen Käfig mit dem winzigen Hamster Klein Oskar abgeben, Frederik seine stolze Nationalfahne, Dame Werner sein Tagebuch, Anna-Li ihre Adoptionsurkunde, die kleine Ingrid ihre neuen Krücken, Henrik die Schlange in Formalin, Ole seine Boxhandschuhe, Elise den Sarg ihres kleinen Bruders, Marie-Ursula ihre langen blauen Zöpfe, Hussein seinen Gebetsteppich, der große Hans sein nagelneues gelbes Fahrrad und – besonders infam – Sofie ihre Unschuld! Der fromme Kai, der vorher aus der Kirche das Kruzifix stehlen musste, verlangt den Kopf eines Hundes, und die hübsche Rosa bittet um Jan-Johans rechten Zeigefinger! Als Jan-Johan sie eines Tages verrät, bricht ein gewaltiges Donnerwetter der Erwachsenen los: „Die meisten von uns bekamen Hausarrest, manche bekamen Prügel. (...) In der Schule knöpften sie sich uns auch noch vor. (...). Und als Lehrer Eskildsen, nachdem er uns achtunddreißig Minuten lang ununterbrochen ausgeschimpft hatte, mit der Hand auf das Lehrerpult schlug und rief, was das denn gesollt habe, gab Sofie die Antwort. »Die Bedeutung.« Sie nickte wie zu sich selbst. »Sie haben uns ja nichts darüber beigebracht. Also haben wir sie jetzt selbst gefunden«. (100f.)

Doch nach einigem öffentlichen Rummel über die Vorgänge resümiert die Erzählerin Agnes: „Was hatte der Frühling zu bedeuten, wenn es schon bald wieder Herbst und alles verwelkt sein würde, was jetzt keimte? Wie sollten wir uns über die Buchen freuen, deren Blätter ausschlugen, über die Stare, die nach Hause zurückkehrten, oder über die Sonne, die jeden Tag etwas höher am Himmel stand? Das alles würde sich ja doch schon bald wenden und in die andere Richtung entwickeln, bis es dunkel und kalt war und keine Blumen mehr zu sehen waren und auch kein Laub mehr an den Bäumen. Das Frühjahr war zu nichts anderem gut, als uns daran zu erinnern, dass auch wir bald verschwunden waren.

Jedes Mal, wenn ich einen Arm hob, war es eine Erinnerung daran, wie bald er sinken und sich in nichts verwandeln würde. Jedes Mal, wenn ich lächelte und lachte, wurde mir schlagartig bewusst, wie oft ich mit demselben Mund, den selben Augen weinen würde, bis sich diese Augen eines Tages für immer schlossen und andere lachen und weinen würden, bis auch sie unter der Erde lagen. Nur die Bahn der Planeten über den Himmel war ewig, und das auch nur bis uns Pierre Anthon eines Morgens zurief, das Universum sei dabei, sich zusammenzuziehen und eines Tages käme der totale Kollaps, ein umgekehrter Big Bang. Alles würde so klein und verdichtet, dass es wie Nichts war. Nicht einmal an die Planeten zu denken, war auszuhalten.

Und so war es mit allem. Nichts war zum Aushalten.

Zum Aushalten. Aushalten. Alles, nichts, gar nichts.

Wir gingen umher als existierten wir nicht.

Ein Tag war wie der andere. Und auch wenn wir uns die ganze Woche aufs Wochenende freuten, war das Wochenende doch immer eine Enttäuschung, und dann war es wieder Montag, und alles fing von vorne an, und das war das Leben und nichts sonst. Wir begannen zu verstehen, was Pierre Anthon meinte. Und wir begannen zu verstehen, warum die Erwachsenen so aussahen, wie sie es taten. Und auch wenn wir uns geschworen hatten, nie so wie sie auszusehen, war genau das passiert. Wir waren noch nicht mal fünfzehn.

Dreizehn. Vierzehn. Erwachsen. Tot." (122ff.).

Am Ende von „Nichts" stehen Hoffnungslosigkeit, der Mord an Pierre Anthon, ein Haufen verstörter Jugendlicher und ein wenig graue Asche vom Sägewerk und vom Berg der Bedeutung, die die Erzählerin in einer abgenutzten Pappschachtel aufbewahrt und bei deren Ansehen sie immer ein merkwürdiges Gefühl im Bauch bekommt: „Und selbst wenn ich nicht erklären kann, was das ist, weiß ich doch, dass es etwas ist, was Bedeutung hat. Und ich weiß, dass man mit der Bedeutung nicht spaßen soll. Nicht wahr, Pierre Anthon? Nicht wahr?" (140). Die anfangs so harmlos und kindlich beginnende Geschichte entwickelt sich über das schnell in bitteren Ernst umschlagende Spiel, gegenüber der nihilistischen Position von Pierre Anthon zu beweisen, dass das Leben einen Sinn haben kann, zu einem dramatisch eskalierenden Experiment und mündet in ein grausames Horrorszenario. Alle Sinndeutungen scheitern. Der Existentialismus geht in Flammen auf. Die „Jugend ohne Gott" bleibt zurück ohne jegliche Antworten auf die Frage, wie ein Leben aussehen kann, wenn man die Bedeutungslosigkeit und Beliebigkeit des menschlichen Daseins durchschaut hat. Es ist allerdings kein geringes Verdienst dieses Buches in der Tradition von William Goldings „Herr der Fliegen", dass es jeden Leser und jede Leserin zwingt, dem eigenen Pierre Anthon im Kopf zuzuhören und sich zu fragen nach dem Sinn, Unsinn oder Nicht-Vorhandensein eines Sinns des Lebens. Können wir Jane Tellers Statement zustimmen: „Ich denke heute, dass man die Frage nach dem Sinn und der Bedeutung zwar ernst nehmen, aber die Antwort darauf nicht für so allesentscheidend halten sollte. Wir wissen nur dass wir hier sind. Das ist alles. Wir können nicht mehr wissen. Aber mir reicht es. Eigentlich ist es ganz wunderbar und fantastisch, ja erstaunlich, dass es das Leben gibt. Lebendig zu sein. Dann geht es darum, dieses Leben zu leben. Sich lebendig zu fühlen. Sich immer daran zu erinnern, das Leben zu leben, zu fühlen: Carpe diem oder noch besser Carpe momentum wäre da ein Leitmotiv, die kleinen wunderbaren Momente, in denen man die Natur genießt, mit lieben Menschen zusammen ist oder einfach mit sich im Reinen ist. Um es ganz einfach zu sagen: Man ist lieber lebendig als tot. Oder noch besser: >>Das Leben ist ein Geschenk<<".[4]

2   Aufwachsen in Würde und Anspruch auf Achtung

Inwiefern werden evangelische Schulen den Erfahrungen von Sinn und Sinnlosigkeit junger Menschen gerecht? Was können religiöse Bildungsangebote anbieten? Zu Recht warnt beispielsweise Henning Luther vor einer zu schnellen Sinnvergewisserung: „Trost wird da zur Lüge, wo Sinn suggeriert wird und jeder Anflug eines Verdachts der Unsinnigkeit und Sinnlosigkeit unserer Lebensverhältnisse tabuisiert und verdrängt wird."[5] Das in der Morgenandacht im Rahmen der Hildesheimer Barbara-Schadeberg-Vorlesungen gesungene Lied „Aufgetan ist die Welt" von Kurt Rose und Götz Wiese lässt allerdings – gleichsam als Kontrastprogramm zu Jane Tellers „Nichts" – anklingen, dass für Christinnen und Christen Sinn und Bedeutung nicht einfach in diesem Leben gefunden und selbst hergestellt, sondern von Gott erhofft und erbeten werden können. In der dritten und vierten Strophe heißt es dort: (3) „An den steinigsten Pfad, / in die dunkelste Nacht / hat dir Gott den Markstein gestellt: / Jesus Christus, Licht dieser Welt. / Er ist das Wegeszeichen, / sein Wort ist Weisung, Rat und Tat! / Er ist das Wegeszeichen, / sein Wort ist Weisung, Rat und Tat. (4) Wie da aufbricht die Welt: / Werden, Kommen und Gehn / und ich selber mitten darin! / Christus nennt mir Wesen und Sinn. / Er ist das Wegeszeichen, / neu jeden Tag ins Licht gestellt! / Er ist das Wegeszeichen, / neu jeden Tag ins Licht gestellt!" Der Gottesbezug und die Gottesbeziehung werden auch im Leitvers der Übertragung von Psalm 8 in der Fassung von Arnold Stadler deutlich: „Du krönst uns mit Würde und Glanz."[6]

Aufwachsen in Würde: Nach christlichem Verständnis wird die Würde jedem Menschen voraussetzungslos und unverlierbar von Gott zugesprochen. Jeder

---

4   Dirk Katzschmann, Wo endet der Himmel? Gespräch mit Jane Teller, in: universitas Nr. 777, 66. Jg., März 2011, 96-110, hier 100.

5   Henning Luther, Die Lügen der Tröster. Das Beunruhigende des Glaubens als Herausforderung für die Seelsorge, in: Praktische Theologie 33 (1988), 163-176, hier 166f.

6   Siehe die abgedruckte Morgenandacht in diesem Band.

Mensch ist aufgerufen, selbst seine Würde zu achten, ja vielleicht erst zu entdecken; zu merken, dass er sich diese Würde nicht selbst geben, sie sich nicht selber zusprechen, sie sich auch nicht selbst nehmen kann, sondern dass diese Würde etwas ist, was er geschenkt bekommt. Christinnen und Christen sagen: Ich bekomme voraussetzungslos und unverlierbar die Menschenwürde von Gott geschenkt! Sie ermöglicht erst die Bereitschaft, Ich zu sagen, mich selber anzunehmen, meine Fähigkeiten zu entwickeln und damit gemeinschaftsfähig zu werden. Ich kann mit dem dankenden Bekenntnis meines Lebens und Tuns auf Gottes Geschenk der Menschenwürde antworten, dass Gott mich als sein Kind beruft und bedingungslos annimmt, dass Gott mich unabhängig von eigener Leistung oder Vorleistung so liebt, wie ich bin!

Menschenwürde als zentrales Element des christlichen Menschenbildes konkretisiert sich in folgenden sechs Punkten: darin, dass der Mensch zugleich als Zweck und niemals als bloßes Mittel gebraucht wird; dass der Mensch als Person geachtet und nicht zum Objekt herabgewürdigt wird; dass der Mensch Selbstbestimmung üben kann und nicht völlig fremdbestimmt wird; dass der Mensch Entscheidungsfreiheit behält und nicht durch Zwangsmaßnahmen gefügig gemacht wird; dass der Mensch in der Sphäre seiner Intimität bleiben kann und nicht bloßgestellt wird; dass der Mensch als gleichberechtigt behandelt und nicht diskriminiert wird.[7] Auf-

---

7   Nach Wilfried Härle, Menschenwürde. Zentrales Element des christlichen Menschenbildes,
    in: Evangelische Verantwortung 2/2006, 1-11. Vgl. ders., Menschsein in Beziehungen, Tü-
    bingen 2005, 379-410 sowie die sieben Leitaspekte der Menschenwürde nach Berndt Hamm
    und Michael Welker, in: dies., Vorwort, in: Menschenwürde, Jahrbuch für Biblische Theolo-
    gie 15 (2000), Neukirchen-Vluyn 2001, VI ff.: „1. Gottebenbildlichkeit und menschliche
    Würde: Zweifellos spielt im semantischen Feld der biblischen Theologie, das dem neuzeitli-
    chen Begriff der Menschenwürde entspricht, die Bestimmung des Menschen zum Ebenbild
    Gottes (imago Dei) eine Schlüsselrolle. Wichtig ist dabei besonders die Erkenntnis der alttes-
    tamentlichen Exegese, dass die priesterschriftlichen Texte Gen 1,26f. und 9,6 unter Ebenbild-
    lichkeit nicht eine bestimmte Seinsqualität des Menschen verstehen, sondern eine von Gott
    verliehene funktionale Würdestellung und Beauftragung gegenüber der Tierwelt und den
    Mitmenschen, die nach der Sintflut in veränderter Gestalt bekräftigt wird (...). 2. Die Würde-
    stellung als Korrelat zum Mangel- und Bedürfnischarakter des Menschen: Werden Gottteben-
    bildlichkeit und Würde des Menschen in diesem Kontext verstanden, so wird deutlich, dass
    die Betonung der menschlichen Würde die elementare sündhafte Fehlbarkeit, Mangelhaftig-
    keit und Schutzbedürftigkeit des Menschen nicht ausblendet, sondern gerade thematisiert und
    eben somit die universale Angewiesenheit des Menschen auf schützende Menschenrechte
    begründet (...). 3. Die Würde als eschatologische Gabe Gottes: Im biblischen Horizont ist
    Würde also nicht eine naturhafte Qualität des Menschen, die er aufweisbar hat. >>Würde<<
    bringt vielmehr die Wertschätzung Gottes im Blick auf die Bestimmung des Menschen zum
    Ausdruck: Die Würde ist eine eschatologische Gabe Gottes, die anzeigt, was Gott mit allen
    Menschen vorhat, was er ihnen verheißt und wozu er sie beruft (...). 4. Die Universalität der
    Menschenwürde: Für den neuzeitlichen Diskurs über die Menschenwürde ist der Universali-
    tätsanspruch konstitutiv. Darin liegt eine kritische Stoßrichtung gegenüber starken Tenden-

wachsen in Würde bedeutet Aufwachsen im Anspruch auf Achtung: „Würde ist Anspruch auf Achtung. Die Achtung der Menschenwürde besteht in dem Anspruch auf Achtung des Menschseins von Menschen. Sie in ihrem Menschsein wahrzunehmen, ernst zu nehmen und zu respektieren, ist die konkrete Achtung der Menschenwürde (…)."[8]

3   Biblisch-christliches Menschenbild

Der Kabarettist und Sänger Bodo Wartke wurde vom Präsidium des Evangelischen Kirchentages gebeten, ein Lied über das Dresdner Kirchentagsmotto „Da wird auch dein Herz sein..." zu schreiben.[9] In den ersten Zeilen des Kirchentagsliedes fragt Bodo Wartke: „Wofür stehst du ein? Was ist dir wirklich wichtig? / Und ich mein nicht nur ein bisschen. Nein, ich mein: so richtig. / Was schätzt du wert? Was geht dich am meisten an / von allen Schätzen, die man schätzen kann?" Fragen nach dem Sinn des Lebens, auf die es zweifellos verschiedene Antworten gibt und auf die jeder Mensch persönlich eine Antwort finden muss. Diese Fragen suchen ihre

---

zen in der christlichen Tradition, schützenswerte Menschenwürde zu partikularisieren (...). 5. Rechtfertigung und Menschenwürde: Zwischen der Rechtfertigung des Sünders nach christlichem Verständnis und der universal zugesprochenen Menschenwürde scheint theologisch ein Graben zu liegen – was tatsächlich der Fall wäre, wenn man beide wie Gnade und Natur, jene nur für einige vorgesehen, diese alle umfassend, unterscheiden müßte (...). Aber es gilt Rechtfertigung als Zusage und Zueignung des Heils an alle Menschen zu verstehen, so dass darin die universal geschenkte Menschenwürde ihr christologisches Ziel findet und sich so Gottes Schöpfungsintention mit ihrer Zuschreibung der Gottebenbildlichkeit erfüllt. 6. Menschenwürde als Auftrag und Aufgabe: Im biblischen Verständnis der Würdestellung des Menschen ist sehr stark die ethische Dimension präsent: Würde als Beauftragung des Menschen, als Ermächtigung zur Verantwortung. Auch nach christlichem Verständnis zielt die von Gott verliehene Würde der Gotteskindschaft auf die Gabe, Menschen menschenwürdig zu behandeln, also auf eine Kultur und Praxis der Wertschätzung und Anerkennung, der sozialen Gerechtigkeit und des institutionalisierten Erbarmens (...). 7. Die Tragfähigkeit der Menschenwürde: In welcher Art von Praxis und existentiellem Einsatz erweist sich die Tragfähigkeit der Menschenwürde? In der Selbsthingabe Gottes am Kreuz wird offenbar, was Gott sich die Würde aller Menschen kosten lässt. Dieser Praxis Gottes entspricht eine Radikalität menschlicher Existenz, die um der zu schützenden Würde der Menschen willen zur Selbsthingabe, zur Preisgabe des eigenen Lebens und auch zur >>Selbstverausgabung<< der kirchlichen Institution bereit ist (...)".

8   Wilfried Härle, Menschenwürde a.a.O. 5. Siehe auch Walter Sparn, >>Aufrechter Gang<< versus >>krummes Holz<<? Menschenwürde als Thema christlicher Aufklärung, in: I. Baldermann u.a. (Hg), Menschenwürde. Jahrbuch für Biblische Theologie 15 (2000), Neukirchen-Vluyn 2001, 223-246 sowie Michael Welker, Person, Menschenwürde und Gottebenbildlichkeit, ebd. 247-262.

9   B. Wartke, „Da wird auch dein Herz sein". Offizielles Kirchentagslied 2011, © Reimkultur Musikverlag / Bodo Wartke 2011– Downloadversion.

Antworten inmitten der unabsehbaren Pluralisierung des gesellschaftlichen Angebots an Bildern! Die Pädagogikprofessorin Ursula Frost konstatiert zu Recht: „Es fällt schwer, im Bilderspiel der Erlebnisgesellschaft den Anspruch eines Vorbildes zu erheben. Die erfahrbare Wirklichkeit besteht aus einer prinzipiell wählbaren Fülle gleichzeitiger Bilder. Es scheint nur noch Nebenbilder zu geben, keine Vorbilder. Im Wechsel der Bilder und im spielerischen Umgang mit ihnen scheint die Möglichkeit eines vorherrschenden Bildes, das den Menschen in seiner ganzen Lebenshaltung prägt, mehr und mehr unterzugehen."[10] Bildung steht in engem Zusammenhang mit dem das bildende Lehren und Lernen leitenden Menschenbild! Aus gutem Grund sollte zum Beispiel das biblisch-christliche Bild vom Menschen nicht untergehen, da es immer wieder neu ein Vor-Bild gelingenden Lebens entwirft. Die Elementaria des biblisch-christlichen Menschenbildes lassen sich nach den Thesen der EKD-Synode 2002 zum Schwerpunktthema „Was ist der Mensch?" skizzieren: „>>Der Mensch ist Gottes Geschöpf<< – Das heißt: Sein Leben ist ihm gegeben. Er existiert in leib-seelischer Einheit. Er ist als Mann und Frau geschaffen. Er ist gewollt und bejaht. Er ist endlich und begrenzt. Er ist mehr, als er aus sich machen kann. Er soll nicht sein wollen wie Gott. >>Der Mensch ist zum Bild Gottes geschaffen<< – Das heißt: Er hat eine Bestimmung: Er ist von Gott angeredet und soll ihm antworten. Er ist berufen zur Gemeinschaft mit Gott in Freiheit. Das verleiht ihm seine unverlierbare Würde. Ihm ist die Welt zu verantwortlicher Gestaltung anvertraut. Er soll am ewigen Leben in Gottes Reich teilhaben. >>Der Mensch ist ein Beziehungswesen<< – Das heißt: Menschsein ist In-Beziehung-Sein. Niemand ist eine Insel. Mensch ist, wer von Menschen abstammt. Jeder Mensch existiert in der dreifachen Beziehung: zu seinen Mitgeschöpfen, zu sich selbst und zu Gott. Jeder braucht die Gemeinschaft mit anderen und sie brauchen ihn. >>Der Mensch ist ein unverwechselbares Individuum<< – Das heißt: Er ist einmalig und einzigartig. Dafür steht sein Gesicht, seine Gestalt, sein Name. Seine besonderen Gaben und Grenzen, sein Charakter und seine Lebensgeschichte machen seine Individualität aus, die Achtung und Respekt verdient. >>Der Mensch ist Sünder<< – Das heißt: Sein Leben ist zerrissen. Das erlebt er als Opfer und als Täter. Die Beziehung zu Gott, zum Mitgeschöpf und zu sich selbst ist durch die Sünde in der Tiefe gestört durch das Misstrauen gegenüber Gott und durch Rücksichtslosigkeit gegenüber dem Mitmenschen, den Mitkreaturen und gegenüber sich selbst. >>Der Mensch wird gerechtfertigt durch den Glauben<< – Das heißt: Er bleibt bestimmt zur Gemeinschaft mit Gott. Die Macht der Sünde kann die Gemeinschaftstreue Gottes nicht aufheben. Jesus Christus verbürgt mit seiner Verkündigung, seinem Leben, seinem Tod und seiner Auferweckung die vergebende, zurechtbringende Liebe Gottes. Im Glauben wird sie für den Menschen als Einzelnen und in Gemeinschaft wirksam. >>Der Mensch ist berufen zum

---

10   U. Frost, Erziehung durch Vorbilder? In: Renovatio 52 (1996), 165-184, hier 173.

Tun des Guten<< – Das heißt: Er ist für seine Lebensführung verantwortlich. Er kann erkennen, was gut ist. Aber er muss sich durch das Tun dessen, was er als gut erkannt hat, nicht selbst rechtfertigen. Durch den Glauben an Gottes vergebende Liebe wird er frei, seine Gaben und Fähigkeiten in den Dienst des Gemeinwohls und des hilfsbedürftigen Nächsten zu stellen. >>Der Mensch hat eine Hoffnung über den Tod hinaus<< – Was heißt das? Sein Leben soll vollendet werden in Gottes ewigem Leben. Das hebt seine Sterblichkeit nicht auf. Aber es begründet seine Zuversicht, durch den Tod und durch Gottes gnädiges Gericht hindurch verwandelt zu werden, um an Gottes ewigem Reich Anteil zu haben."[11] Soweit die Elementaria des biblisch-christlichen Menschenbildes. Man könnte sie auf die Kurzformel bringen: Du, Mensch, bist ein wunderbares Wesen! Du bist nicht verloren! Du bist zur Freiheit befreit! Oder: Du bist gewollt! Du bist geliebt! Du hast Zukunft![12]

---

11 Beschluss der 9. Synode der Evangelischen Kirche in Deutschland auf ihrer 7. Tagung in Timmendorfer Strand vom 3. - 8. November 2002 zu den Thesen als Anlage zur Kundgebung zum Schwerpunktthema „Was ist der Mensch?".
12 Vgl. Kundgebung der 9. Synode der EKD auf ihrer 4. Tagung zum Schwerpunktthema „Reden von Gott in der Welt – Der missionarische Auftrag der Kirche an der Schwelle zum 3. Jahrtausend, in: ekd-texte Nr. 68, hg. v. Kirchenamt der EKD, Hannover 2000, 42-44: „Gottes gute Nachricht für jeden Menschen enthält drei elementare Zusagen. Sie gibt nicht nur jedem und jeder einzelnen Zuversicht und Orientierung, sie kommt auch dem Gemeinwohl zugute: *Du bist ein wunderbares Wesen* (Psalm 139,14). Gott hat uns ins Leben gerufen. Wir sind von Gott gewollt, wir sind ihm wichtig, wir sind sein unverwechselbares Geschöpf. Gott hat uns mit Würde und Ehre ausgestattet. Wir müssen sie uns nicht erst durch eigene Anstrengung verdienen. Keine Macht der Welt kann sie uns absprechen. Gott schenkt uns Wachstum und Gedeihen. Auch wenn wir scheitern, verlässt er uns nicht, er bleibt uns nah auch auf den schweren Wegstrecken unseres Lebens. Wenn unsere Lebenszeit auf dieser Welt zu Ende ist, sind wir dennoch nicht am Ende. Gott hat uns dazu erwählt, mit ihm in Ewigkeit zu bleiben. *Du bist nicht verloren* (Lukasevangelium 15). Gott gibt uns nie auf. Er kennt keine hoffnungslosen Fälle. Er hält seinen Geschöpfen die Treue, auch wenn sie sich von ihm abwenden und die Werke seiner Schöpfung missachten und schädigen. Dafür steht Jesus Christus. In ihm hat Gott die Situation menschlicher Sünde und Ungerechtigkeit geteilt, bis zum Tode am Kreuz. Mit seiner Auferweckung hat Gott mitten in unserer Geschichte einen neuen Anfang mit uns gemacht. In Jesus Christus wendet er sich jedem Menschen gnädig zu und vergibt ihm seine Schuld. Darum braucht niemand die eigene Schuld zu verdrängen und die eigene Sünde zu verschleiern. *Du bist zur Freiheit befreit* (Galaterbrief 5,1). Jesus Christus macht uns frei – frei von der Herrschaft der Mächte dieser Welt und frei zur Verantwortung für die Welt. „Ein Christenmensch ist ein freier Herr über alle Dinge und niemandem untertan" und zugleich in Nächstenliebe und Übernahme von Verantwortung „ein dienstbarer Knecht aller Dinge und jedermann untertan" (Martin Luther). Keine Herrschaft von Menschen und Sachzwängen hat göttliche Qualität, sie kann keine letzte Macht über uns beanspruchen. Die Dinge dieser Welt bekommen unter Christus ihr weltliches Maß. So dienen sie dazu, zum Besten der Gemeinschaft und jedes und jeder einzelnen zu wirken." Vgl. auch Suchen. Finden. Das Magazin zur Bibel 2003: 1. Sie sind gewollt. Die Bibel und Gottes Schöpfung; 2. Sie sind geliebt. Die Bibel und Gottes Menschwerdung; 3. Sie haben Zukunft. Gottes Vollendung der Welt.

Wenn Bildung auf die Verwirklichung der Bestimmung des Menschen zielt, dann gehört nach christlichem Verständnis die Berücksichtigung der theologischen Dimension zum Konzept einer ganzheitlichen, humanen, anthropologisch fundierten Bildung notwendig dazu. Der Gottesbezug umgreift die drei Lebensdimensionen von Selbstbezug, Sozialbezug und Weltbezug. Als erhellend, den entscheidenden Unterschied zwischen allgemeiner und religiöser Bildung im Sinne evangelischer Erziehungs- und Bildungsverantwortung kennzeichnend, erweist sich die biblische Vorstellung von der Gottebenbildlichkeit des Menschen. Diese Leitkategorie theologischer Anthropologie markiert Ausgangspunkt und Zielpunkt jedweder Bildung und Erziehung in evangelischer Verantwortung: Die Bestimmung des Menschen liegt in seiner Gottebenbildlichkeit. Der Mensch ist nicht »Bild seiner selbst«, sondern als und zu Gottes Ebenbild geschaffen (Gen 1,26f.). Bildung im christlichen Sinn zielt auf Erkenntnis und Bejahung der Gottebenbildlichkeit und erinnert immer wieder daran, dass menschliche Existenz sich nicht selbst verdankt und letztlich unverfügbar bleibt.[13]

Das biblisch-christliche Menschenbild hat für die Bildung des Menschen in mehrfacher Hinsicht weitreichende Konsequenzen:

- Es verortet den Menschen in einem weiten Horizont und begrenzt ihn damit zugleich auf das Maß des Menschlichen.
- Es motiviert dazu, groß vom Menschen zu denken, ohne in Hybris zu verfallen.
- Es zeigt, dass der Mensch mehr ist und zu mehr bestimmt ist, als er selbst aus sich – oder aus anderen – machen kann.
- Es macht den Wert keines Menschen abhängig von der Leistung, die er erbringt.
- Es leitet an zum achtungsvollen Umgang miteinander, d.h. zum Respekt vor der Würde jedes Menschen – unabhängig von Herkunft, Geschlecht, Religion, Alter etc.

---

13 Vgl. Anita Müller-Friese, Miteinander der Verschiedenen. Theologische Überlegungen zu einem integrativen Bildungsverständnis, Weinheim 1996, 215: „Mit dem Gedanken der Gottebenbildlichkeit sind inhaltliche Kriterien für die Formulierung eines Bildungsverständnisses benannt, das allgemein im Sinne von gemeinsam, umfassend und integrativ sein will. Bildung kann sich auf ein Menschenbild beziehen, das die Würde und den Wert eines jeden Menschen von seinen Fähigkeiten und Eigenschaften ebenso unabhängig macht wie von gesellschaftlichen Normierungen und Bestimmungen. Von Gott zu seinem Gegenüber bestimmt, ist menschliches Leben unvergleichlich wertvoll und unantastbar. Diese Fremd-Bestimmung ermöglicht die Integration von Leid und Hoffnung, Begrenzung und Überschreitung, Versagen und Gelingen in das Reden vom Menschen. Es ist nur dann angemessen, wenn Begrenztsein und Vergänglichkeit nicht verdrängt werden, zugleich aber die Wahrheit des Menschen nicht mit seiner Wirklichkeit gleichgesetzt wird (Jüngel). In aller Unvollkommenheit ist Menschsein auf Zukunft ausgerichtet, die die Gegenwart transzendiert."

- Es sensibilisiert für die Unterscheidung zwischen der unantastbaren menschlichen Würde und der gleichwohl bestehenden Möglichkeit, durch schweres Versagen diese Würde zu gefährden.
- Es ermutigt zum Entdecken, Entwickeln und Fördern eigener und fremder Begabungen und weckt so Freude an Leistung und am Gelingen von Lebensentwürfen.[14]

Die aufgeführten theologisch-anthropologischen Aussagen haben neben einer immens ethischen und politischen auch eine große pädagogische Wertigkeit. Wenn sich Lehrende und Erziehende (und Lernende) von ihnen leiten lassen, so hat das biblisch-christliche Menschenbild eine spürbare und benennbare Relevanz für Lehr-Lern-Prozesse. An dieser Stelle sei auch an die 22 „Leitlinien für eine christliche Pädagogik" erinnert: „Christliche Pädagogik ist nicht ausschließlich oder primär eine Pädagogik von Christen für Christen. Sie ist auch keine Missions-Pädagogik, die aus den ihr anvertrauten Kindern und Jugendlichen Christen machen will. Sie versteht ihren Auftrag vielmehr aus dem christlichen Liebesgebot heraus als sozialdiakonischen Auftrag, das heißt als (Liebes-)Dienst an *allen* Kindern und Jugendlichen nach deren Befürftigkeit und mit dem Ziel ihrer umfassenden Förderung, zu der allerdings auch Dimensionen wie Sinnorientierung und Spiritualität dazu gehören."[15] Unmissverständlich sei allerdings festgehalten: Bildung und Erziehung können nicht aus der Bibel, aus dem Evangelium oder aus dem Glauben an Jesus Christus einfach abgeleitet werden. Wohl aber kann die freimachende Botschaft, dass Gott die Welt geschaffen und mit sich versöhnt hat, eine neue Art zu leben, zu denken, zu handeln und zu gestalten bewirken.

4   Sich in Gottes Spur befinden

Von Emmanuel Lévinas stammt der Ausspruch „Nach dem Bilde Gottes sein, heißt nicht, Ikone Gottes sein, sondern sich in Gottes Spur befinden". Wie können wir uns „in Gottes Spur befinden"? Wie ist Nachfolge konkret zu bestimmen? Einige Annäherungen an diese schwierige Aufgabe, „um die wir uns sonst gern herumdrücken", so Dietrich Bonhoeffer[16], seien kurz entfaltet: Bonhoeffer unternimmt in seinem „Entwurf einer Arbeit" 1944 den Versuch zu definieren, was ein Leben mit Christus ist, was es heißt, „für andere dazusein". Zunächst bestimmt er es durch

---

14 Wilfried Härle, Zeitgemäße Bildung auf der Grundlage des christlichen Menschenbildes, in: J. Frank/J. Gohde, Gemeinsam Profil zeigen, Münster 2004, 71-73, hier 72.
15 Manfred L. Pirner, Christliche Pädagogik. Grundsatzüberlegungen, empirische Befunde und konzeptionelle Leitlinien, Stuttgart 2008, 84-112, hier 85.
16 Dietrich Bonhoeffer, Entwurf einer Arbeit, in: Widerstand und Ergebung, 10. Auflage, Gütersloh 1978, 193.

Negation: Man müsse den Lastern der Hybris, der Anbetung der Kraft und des Neides und des Illusionismus als den Wurzeln allen Übels entgegentreten. Dann führt er positiv folgende Haltungen auf: Maß, Echtheit, Vertrauen, Treue, Stetigkeit, Geduld, Zucht, Demut, Genügsamkeit, Bescheidenheit. Ergänzt werden soll diese Reihe noch durch den an anderer Stelle erwähnten Optimismus als Willen zur Zukunft.[17] Durch die Entfremdung von Gott hat der Mensch das Ziel und die Bestimmung, als lebendiges Geschöpf Gottes Bild zu sein, verloren. In Jesus Christus hat Gott sein Ebenbild neu geschaffen. Dietrich Bonhoeffer schreibt: „In der Menschwerdung Christi empfängt die ganze Menschheit die Würde der Gottebenbildlichkeit zurück." Deshalb sollen die Menschen Christus als Vorbild nachfolgen, nach seinem Vorbild leben[18]: „Nachfolge ist Bindung an Christus; weil Christus ist, darum muss Nachfolge sein."[19]

---

17 Ebd. 193 und 23. Vgl. Hans-Jürgen Fraas, Glauben und Lernen, Göttingen 1978, 47-52: Aus den Symbolen der *Schöpfung* lassen sich konkretisieren die „Haltung des Sich-Verdankens, des Vertrauens bzw. Sich-Verlassens, des Gelten-lassens (im Sinn der Unverfügbarkeit), der Ehrfurcht, des Staunens; die Haltung des Selbstwertgefühls, der Würde, der realistischen Selbst- und Welteinschätzung, des Vergänglichkeitsbewußtseins; die Haltung der Verantwortlichkeit und Kreativität, der Partnerschaft und Solidarität, der Umweltverpflichtung der Toleranz."... Aus den Symbolen der *Entfremdung* ergeben sich „eine kritische Haltung gegenüber dem Bestehenden, verbunden zugleich mit der Fähigkeit zur Selbstkritik (der bloße Nörgler ist durch dieses kritische Prinzip nicht legitimiert). Es ist das Mitleiden an der Not und Widrigkeit der Welt, ein Mitleiden, das zugleich zur kreativen Unruhe wird - die Solidarität mit den Leidenden, auch mit den schuldig Leidenden."... Die den Symbolen der *Erlösung* gemäßen Haltungen umfassen neben denen des Schöpfungsglaubens auch „die Fähigkeit, Konflikte getrost ertragen zu können. Es ist die Fähigkeit sich selbst annehmen zu können, wie man ist, den anderen annehmen zu können, wie er ist, eine realistische Welthaltung einnehmen zu können. Zugleich ist es die Freiheit und gewisse Sorglosigkeit, sich unverdient beschenkt zu wissen, sein Leben mutig und getrost anzupacken, sich dem Anspruch des anderen öffnen zu können, ohne an sich selbst gebunden zu bleiben. Es ist die Freiheit von Institutionen und Normen, von Trends und Rollenzwängen, die Freiheit, seine Zukunft zu bewältigen. Es ist schließlich die Freiheit des Gewissens."... Die Symbole der *Vollendung* schlagen sich nieder in der „Fähigkeit der ,Vorausschau', das heißt nicht der Vorhersage von Ereignissen, sondern der Vorstellungskraft dessen, was sein soll, der Imaginationsfähigkeit, im Gespür für das Ganze, in der Offenheit für die Zukunft, in der vorauseilenden Kreativität, in der Getrostheit und Geborgenheit gegenüber dem Todesschicksal, im zukunftsoffenen Überwinden gegenwärtiger und zu gewärtigender Fehlschläge, im Vertrauen auf die sich endlich offenbarenden Sinnzusammenhänge und damit in der getrosten nüchternen Hoffnung".

18 Dietrich Bonhoeffer, Nachfolge (1937), hrsg. v. M. Kuske und I. Tödt (= D. Bonhoeffer Werke, Bd. 4), München 1989, 297-304 (Das Bild Christi), hier 301. Zu den biblisch-theologischen Begriffen Nachahmung (mimesis), Nachfolgen (akoluthein) und prägendes Vorbild (typos) vgl. u. a. A. Schulz, Nachfolgen und Nachahmen. Studien über das Verhältnis der neutestamentlichen Jüngerschaft zur urchristlichen Vorbildethik, München 1962; E. Larsson, Christus als Vorbild. Eine Untersuchung zu den paulinischen Tauf- und Eikontexten, Lund-Kopenhagen 1962; P. Fiedler, Jesus Christus als Urbild und Vorbild. Das Verhält-

Es geht um die Frage nach der angemessenen Verwirklichung des Christ-Seins. Nach welchen Orientierungspunkten kann man sich richten? Welche „Vor-Bilder" bietet Jesus selbst in seinen Geschichten, Gleichnissen und Sprüchen an? Können wir Dimensionen möglichen Vorbildlernens im Blick auf Jesus festmachen? Wenn ja, denken wir dabei an Jesus als Lehrer diakonischer Liebe, an Jesus den Propheten, an Jesus als Mahner des Lebenswichtigen, an Jesus als Lehrer der Gottesbeziehung?[20]

Ohne die neutestamentlichen Texte normativ für sich zu nehmen und ihre jeweiligen geschichtlichen Zusammenhänge unberücksichtigt zu lassen, weisen doch gleichsam auf Spuren-Elemente folgende grundlegende neutestamentlichen Texte hin: das Liebesgebot (Mt 22,34-40), die Seligpreisungen (Mt 5,3-10), die goldene Regel (Mt 7,12), das neue Gebot (Joh 13,34), das Beispiel vom barmherzigen Samariter (Lk 10,25-37) oder paulinische Texte, wie zum Beispiel Röm 12,9-21 und 13,8-10. Insbesondere sei an die Seligpreisungen (Mt 5,3-10) erinnert. Bilden sie nicht beispielhaftes christliches Leben ab? Sie machen Mut, sich und andere als Unvollkommene anzunehmen. Sie öffnen den Blick für die Wahrheit, die Gerechtigkeit, das Vertrauen und die Liebe. Sie ermöglichen, es immer wieder neu zu ver-

---

nis Jesu zu seinen Jüngern bei Lukas, in: G. Biemer/A. Biesinger (Hg), Christ werden braucht Vorbilder. Beiträge zur Leitbildthematik in der religiösen Erziehung und Bildung, Mainz 1983, 25-35; R. Strunk, Nachfolge Christi. Erinnerung an eine evangelische Provokation, 2. Auflage, München 1988; G. Strecker und E. Starke, Art. Nachfolge, in: Evangelisches Kirchenlexikon, Bd. 3, 3. Auflage, Göttingen 1992, Sp 593-598; H. Kuhlmann, „Sie folgten nach und dienten ihm." Zum Begriff der Nachfolge in der theologischen Ethik, in: Evangelische Theologie 53 (1993), 527-549; G .Langenhorst, Urvorbild Jesus: unerreichbar, abschreckend, Orientierung gebend? In: rhs 5/2002, 295-302 sowie D. Sinn, Art. Nachfolge Christi, I. Neues Testament, in: RGG[4] Bd. 6, Tübingen 2003, Sp. 4-6; U. Köpf, Art. Nachfolge Christi, II Kirchengeschichtlich, in: ebd. Sp. 6-9 und H. G. Ulrich, Art. Nachfolge Christi, III. Ethisch, in: ebd. Sp. 9-11.

19 Dietrich Bonhoeffer, ebd. 47. Vgl. u.a. J. Triebel, Mission teilt, in: Weltmission heute Nr. 40/2000, Provokation Mission. Lernerfahrungen aus der weltweiten Mission, hrsg. v. EMW Hamburg, 63: „Es geht um das Mitteilen und Anteil haben lassen an dem, was mir wichtig ist, was mir im Leben Halt gibt und was meine Überzeugungen prägt: Jesus Christus ist mir Wegbegleiter, der zu mir steht wie ein großer Bruder. Er ist die Hand, die mich hält und mir wieder auf die Füße hilft, wenn ich hinfalle. Ja, ich brauche diese Hilfe. Aber dieser Glaube gibt mir Gelassenheit, Zuversicht und Freude. Ich glaube, dass meine Erfahrung auch für andere Menschen wichtig ist und ihnen eine Hilfe sein kann, um den Schritt zu wagen, ihr Vertrauen auf Jesus zu setzen."

20 Vgl. Georg Langenhorst a.a.O. 300f. Siehe auch mit Bezug auf Bonhoeffer A. Schönherr, „... und wirken wird das Wort nur, das gelebt", in: Dein Wille geschehe – Nachfolge wagen. Lesebuch nicht nur für einen Tag, hrsg. v. EMW, Hamburg 1989, 3-5. Schönherr benennt darin vier Aspekte: 1. Nachfolge heißt: Jesus beruft seine Jünger, 2. Nachfolge heißt: Wir halten Fühlung mit Jesus, 3. Nachfolge heißt: Wir verweigern Jesus nicht den Weg ins Leiden, 4. Nachfolge heißt endlich: Wir lassen uns von Jesus in die Zukunft führen.

suchen, die christlichen Haltungen zu leben. Es geht um die stete Aktualisierung der zeitlos gültigen christlichen Gegen-Bilder, die ein Bild von einer besseren Welt entwerfen, theologisch gesprochen: vom Reich Gottes (vgl. Jes 11, 6-9; Offb 21, 1-5). Vielleicht liegt gerade das Vorbildhafte darin, dass wir alle gemeinsam auf den Spuren Jesu nach gelingendem Leben suchen. Mit Christus ist nämlich ein „Bild" in die Mitte der gedeuteten Welt getreten, „bei dem Scheitern und Sieg, Gerichtetwerden und Richten, Macht und Ohnmacht in einzigartiger Weise verbunden sind".[21]

Christinnen und Christen sollen „Salz der Erde" und „Licht der Welt" (Mt 5, 13-15) sein und auf diese Weise auf ihre Umgebung wirken. Sie schöpfen dabei ihre Kraft aus der christlichen Tradition, die mit Fulbert Steffensky verstanden werden soll als „eine Überlieferung der Bilder der Lebensrettung, die Menschen miteinander teilen. Dass das Leben kostbar ist; dass Gott es liebt; dass einmal alle Tränen abgewischt werden sollen; dass die Armen die ersten Adressaten des Evangeliums sind, das sagt, das singt, das spielt uns die Tradition in vielen Geschichten, Liedern und Bildern vor. Die Hoffnung und die Lebensvisionen halten sich nicht

---

21 Gerd Theißen, Psychologische Aspekte paulinischer Theologie, Göttingen 1983, 20. Vgl. u. a. Susanne Breit-Keßler, Brot des Lebens (Joh 6,30-35), in: Kirche im Rundfunk, Nr. 17/2011, 597-603, hier: 600f.: „Unser Auftrag als Christenmenschen Sinn und Geschmack für das ganze Leben zu entwickeln und zu beweisen. Wer sich Christ und Christin nennt, darf sich nicht abweisend-asketisch in eine gesellschaftliche Nische zurückziehen – das widerspricht dem Auftrag Jesu, in alle Welt zu gehen. Christen und Christinnen sollten selbst vom Leben kosten und es schmecken. Das kann sehr bitter sein. In diesem Jahr haben wir viele Schrecknisse miterlebt: Die Katastrophe in Japan, Erdbeben, Tsunami, berstende Atomkraftwerke. Wir sind über die Medien zu Zeugen geworden der Terroranschläge in Norwegen, haben mitgetrauert über niedergemähtes Leben, über zerstörte Hoffnungen. Wir sehen die Bilder von der Hungerkatastrophe in Afrika. Es fällt schwer, in solchen Zeiten vom Brot des Lebens zu reden. Dennoch müssen wir es tun – um derer willen, die trauern, die leiden, die hungern. Wer dem leidenden und gekreuzigten Christus die Ehre gibt, der ist nicht apathisch, teilnahmslos, sondern empathisch, einfühlsam und sympathisch, mitleidend. Der oder die nimmt Leiden ernst, sieht, was andere sauer ankommt, was ihnen aufstößt, die Galle hochkommen lässt, was ihnen herb und eben bitter ist. Wer den Gekreuzigten ehrt, der reicht den Mitmenschen zu Zeiten der Brüche des Lebens die Hand, ist ihnen nahe in ihrer Verletzlichkeit – in persönlichen und gesellschaftlichen Krisen, in Krankheit, bei Scheidung und am Ende des Lebens. Wer dem menschgewordenen göttlichen Kind die Ehre gibt, der ist genau so da für die festlichen, die freudigen Momente des Lebens – Geburten und Taufen, Konfirmationen, Trauungen, Segnungen ... Es ist unsere Aufgabe, uns von Menschen anrühren zu lassen, sich ihre Geschichte anzuhören, ihre Angst mit auszuhalten, ihr Elend zu teilen, sich an ihren Freuden mitzufreuen und ihnen ihre Wonnen zu gönnen. Wer selber dem Gott vertraut, der das Leben ist, von dem alles Leben kommt und zu dem es wieder zurückkehrt, der oder die kann das Brot des Lebens weiterreichen – durch liebevolle Gedanken, einfühlsame Gesten, durch klare Worte und energische Taten. Brot, von dem wir und unsere Mitmenschen zehren können."

allein durch das Argument, sie werden aufgebaut durch die Mitteilung und durch die Wahrnehmung solcher Lebensbilder. Das Evangelium baut an unseren Träumen von der Gerechtigkeit und an unserem Gewissen. Der Mensch ist nicht nur verantwortlich *vor* seinem Gewissen, verantwortlich ist er auch *für* sein Gewissen. Träume, Gewissen, Visionen sind nicht selbstverständlich. Sie liegen nicht naturhaft immer schon in uns, sondern wir müssen sie lernen".[22] Sie müssen auch in den evangelischen Bildungseinrichtungen gelernt werden!

Wer christlich leben will, kann dies nur in Beziehung. Der Mensch steht in einer Beziehung zu Gott, dem Mitmenschen, sich selbst und der ganzen Schöpfung. Martin Buber kann sagen: „Die Beziehung zum Menschen ist das eigentliche Geheimnis der Beziehung zu Gott."[23] Wenn in evangelischen Schulen als exemplarischen Lernorten solidarischer Existenz auf der Basis des biblisch-christlichen Menschenbilds die Kernaussage des Gedichts „Manche Menschen" von Petrus Ceelen[24] berücksichtigt wird, dann ist ein Aufwachsen in Würde möglich und Pierre Anthon müsste nicht mehr an dem Tag die Schule verlassen, an dem er herausfindet, dass angeblich nichts etwas bedeutete und es sich deshalb scheinbar nicht lohnte, irgendetwas zu tun. Dies belegen mannigfaltige Praxisbeispiele evangelischer Schulen![25]

Manche Menschen

Manche Menschen wissen nicht,
wie wichtig es ist,
dass sie einfach da sind.

Manche Menschen wissen nicht,
wie gut es tut,
sie nur zu sehen.

---

22 Fulbert Steffensky, Damit die Träume nicht verloren gehen! Religiöse Bildung und Erziehung in säkularen Zeiten, Loccumer Pelikan 4/00, 171-176, hier 176.

23 M. Buber, Das dialogische Prinzip, Heidelberg [4]1979, 104.

24 Petrus Ceelen, Manche Menschen (zitiert nach Eschbacher Textkarte Nr. 331 „Sterne", Verlag am Eschbach 2000). Vgl. Dietrich Bonhoeffer, Briefe an einen Freund, hier Tegel 14.8.44, in: ders., Widerstand und Ergebung. Briefe und Aufzeichnungen aus der Haft, hrsg. v. E. Bethge, München [14]1990, 208: „Es gibt aber kaum ein beglückenderes Gefühl, als zu spüren, dass man für andere Menschen etwas sein kann."

25 Vgl. unter anderem den Beitrag in diesem Band von Uta Hallwirth.

Manche Menschen wissen nicht,
wie tröstlich
ihr gütiges Lächeln wirkt.
Manche Menschen wissen nicht,
wie wohltuend
ihre Nähe ist.

Manche Menschen wissen nicht,
wieviel ärmer
wir ohne sie wären.

Manche Menschen wissen nicht,
dass sie ein Geschenk
des Himmels sind.

Sie wüßten es,
würden wir es ihnen sagen!

Die evangelischen Schulen in der DDR – Ein Beitrag zum Aufwachsen in Würde in einem entwürdigenden System

Albrecht Dröse / Veronika Krötke / Maria Nooke / Henning Schluß

1 Die bildungspolitische Entwicklung in der DDR[1]

Die Neugestaltung des Bildungssystems in der sowjetisch besetzten Zone Deutschlands gestaltete sich für viele durchaus hoffnungsvoll. Am 12.6.1946 wurde das „Gesetz zur Demokratisierung der deutschen Schule" erlassen, das manche reformpädagogische Idee zur Grundlage hatte und versuchte, das Bildungswesen systematisch auf eine neue, durchaus demokratische Grundlage zu stellen.[2] Die „Antifaschistisch-demokratische Umgestaltung" des Bildungswesens war in der frühen Nachkriegszeit durch vielfältige reformpädagogische Ansätze geprägt. Unter anderem war der Religionsunterricht zwar Sache der Kirche, konnte jedoch an der Schule stattfinden. Doch bereits zwischen 1947 und 1949 erfolgte die Zurückdrängung der Reformpädagogik mit der Einführung des sowjetischen Bildungssystems und der dogmatisierten sowjetischen Pädagogik, einer stalinistisch geprägten einseitig kognitiven Lernpädagogik, die der ideologischen Indoktrination diente. 1958 machte der sogenannte „Lange Erlass" dem Religionsunterricht in den Räumen der Schule faktisch weithin ein Ende.[3] Im gleichen Jahr machten Gerhard Neuner und

---

1 Die Passagen zur Volksbildung in der DDR entsprechen einer gekürzten und überarbeiteten Fassung von M. Nooke / H. Schluß, Schule in der Diktatur. Die DDR und ihr Volksbildungssystem, in: „Sozialistisch Lernen", Horch & Guck, Heft 72, 6/2011.

2 Die Diskussion um den Entstehungsprozess kann man nachverfolgen in D. Benner / W. Eichler / K.-H. Göstemeyer / H. Sladek, Quellentexte zur Theorie und Geschichte der Reformpädagogik 3.1. Staatliche Schulreform und Schulversuche in SBZ und DDR, Weinheim 2004, 206-210. Eine Interpretation des Prozesses findet sich bei D. Benner / H. Kemper, Theorie und Geschichte der Reformpädagogik 3.1. Staatliche Schulreform und Reformpädagogik in SBZ und DDR, Weinheim 2004.

3 Die am 12. Februar 1958 vom Volksbildungsminister Lange erlassene *„Anordnung zur Sicherung von Ordnung und Stetigkeit im Erziehungs- und Bildungsprozeß der allgemeinbildenden Schulen"* erschwerte die praktische Durchführung des bis dahin gesetzlich garantierten Religionsunterrichts an Schulen erheblich. Mit der Begründung „die Gesundheit der Schüler nicht durch Überlastung zu gefährden" sollten außerschulische Veranstaltungen frühestens zwei Stunden nach Unterrichtsschluss stattfinden – die Tätigkeiten der Pionierorganisation ‚Ernst Thälmann' sowie der Arbeitsgemeinschaften der Schule ausgenommen (Th. Boese, Die Entwicklung des Staatskirchenrechts in der DDR von 1945 bis 1989. Unter be-

Werner Dorst bereits unmissverständlich klar, wohin die Reise der Pädagogik gehen würde. Der Titel des programmatischen Aufsatzes lautete: „Für eine marxistisch-leninistische Pädagogik! Unsere Aufgaben im Jahr 1958." Neuner hatte 1956 den Chefredakteursposten der Fachzeitschrift „Pädagogik" übernommen, wurde 1961 Direktor des Deutschen Pädagogischen Zentralinstitutes (DPZI), welches 1970 in die Akademie der Pädagogischen Wissenschaften umgewandelt wurde, der er bis 1989 vorstand. 1958 hatten nicht nur geisteswissenschaftliche Pädagogen wie Theodor Litt längst der DDR den Rücken kehren müssen, sondern auch überzeugte Marxisten, die reformpädagogischen Ideen nicht abhold waren, wie der erste Chefredakteur der Zeitschrift „Pädagogik" Max Gustav Lange. Sie waren in der DDR bereits 1950 zur Unperson erklärt worden. Diese Tendenzen wurden 1959 im Gesetz über die sozialistische Entwicklung des Schulwesens in der DDR manifestiert. Neben der klaren ideologischen Ausrichtung gab es jedoch auch durchaus zu begrüßende Reformen im Bildungswesen. So wurde die körperliche Züchtigung abgeschafft. Die allgemeine Schulpflicht wurde auf 10 Jahre verlängert.

1965 wurde das Gesetz für das einheitliche sozialistische Bildungssystem von der Volkskammer verabschiedet. Die Zentralisierung des Bildungswesens hatte klare politisch-ideologische Gründe und sollte den Einfluss der SED sichern. Die Schule war dadurch immer ein Instrument der herrschenden Partei, deren Führungsrolle im §1 der DDR-Verfassung abgesichert war.

Im Gesetz heißt es: „Alle Bürger unseres Staates, unabhängig von ihrem Geschlecht, ihrer sozialen Stellung, ihrer weltanschaulichen Überzeugung, ihrem Glaubensbekenntnis und ihrer Rasse besitzen gleiche Rechte. Das Bildungsprivileg der Ausbeuterklasse ist gebrochen."[4] Im §1 sind folgende Grundsätze und Ziele formuliert: Das sozialistische Bildungssystem „vermittelt den Menschen eine moderne Allgemeinbildung und eine hohe Spezialbildung und bildet in ihnen zugleich Charakterzüge im Sinne der Grundsätze der sozialistischen Moral heraus."[5] Es befähigt sie, „als gute Staatsbürger wertvolle Arbeit zu leisten, ständig weiterzulernen, sich gesellschaftlich zu betätigen". Hier wird klar das Ziel der moralischen Erziehung zum Sozialismus in einem staatlichen Bildungssystem festgeschrieben. Wer dagegen verstieß, verstieß gegen die zentralen Grundfesten des sozialistischen Erziehungswesens.

„Die Schüler, Lehrlinge und Studenten sind zur Liebe zur Deutschen Demokratischen Republik und zum Stolz auf die Errungenschaften des Sozialismus zu erziehen, um bereit zu sein; alle Kräfte der Gesellschaft zur Verfügung zu stellen, den

---

sonderer Berücksichtigung des Verhältnisses von Staat, Schule und Kirche, Baden-Baden 1994, 306).

4   Gesetz über das einheitliche sozialistische Bildungssystem, von der Volkskammer am 25. Februar 1965 beschlossen, Deutsche Lehrerzeitung, Nr. 9, 5. März 1965, 5.

5   Hier und im Folgenden ebd. 8.

sozialistischen Staat zu stärken und zu verteidigen. Sie sollen die Lehren aus der deutschen Geschichte, besonders der Geschichte der deutschen Arbeiterbewegung, begreifen. Sie sind im Geiste des Friedens und der Völkerfreundschaft, des sozialistischen Patriotismus und Internationalismus zu erziehen." (§5). Ziel dieser Bildungspolitik war es also, unter Einbeziehung erzieherischer Maßnahmen die Schülerinnern und Schüler auf die politische Ordnung zu verpflichten. Diese staatliche Ordnung wurde jedoch nicht als offene Gesellschaft gedacht, sondern sie war unumstößlich. Dies einzusehen war eine Bildungsaufgabe, denn diese sozialistische Ordnung war wissenschaftlich begründet. Wer also keine „sozialistische Überzeugung" gewonnen hatte, der hatte nicht etwa einfach eine andere Weltanschauung, sondern der hatte die strenge wissenschaftliche Beweisführung des Marxismus-Leninismus nicht verstanden und musste deshalb an irgendeiner Stelle entweder ein geistiges Unvermögen haben oder aber ein „Opfer des Intellekts"[6] gebracht haben. Dass die Rede von der „wissenschaftlichen Weltanschauung" keineswegs als Oxymoron, sondern mit existentiellem Ernst vertreten wurde, kann Nachgeborenen kaum mehr plausibel gemacht werden. Es wird aber z.B. im gleichen Gesetz deutlich, in dem die „die Entwicklungsgesetze der Natur, der Gesellschaft und des menschlichen Denkens" in einem Atemzug genannt werden und mit dem gleichen Anspruch auf Objektivität = d.i. Wahrheit behauptet wurden.[7] Eine besondere Rolle bei der staatsbürgerlichen und moralischen Erziehung kam dem Kollektiv zu. Staatliche und gesellschaftliche Organisationen hatten eng mit den Familien zusammenzuwirken.[8] Besonders eng war die Zusammenarbeit mit der Pionierorganisation und der FDJ. Betont wurde, dass sich im sozialistischen Bildungswesen allen Menschen die Möglichkeit bietet, ihre Begabungen und Talente zu entwickeln.[9]

Gerade auch im Bezug auf kirchliches Engagement stieß dieses Konzept der vermeintlichen Begabungen sehr schnell an ideologische Grenzen. Am Beispiel der Auseinandersetzung um die Junge Gemeinde eskalierte ein Konflikt, der sich auch

---

6 So argumentiert, allerdings nicht in abwertendem Sinne bereits Max Weber in seinem Vortrag „Wissenschaft als Beruf" von 1919.

7 „Den Schülern, Lehrlingen und Studenten sind gründliche Kenntnisse des Marxismus-Leninismus zu vermitteln. Sie sollen die Entwicklungsgesetze der Natur, der Gesellschaft und des menschlichen Denkens erkennen und anzuwenden verstehen und feste sozialistische Überzeugungen gewinnen. So werden sie befähigt, den Sinn des Lebens in unserer Zeit zu begreifen, sozialistisch zu denken, zu fühlen und zu handeln und für die Überwindung von Widersprüchen und Schwierigkeiten bei der Lösung von Aufgaben zu kämpfen" (§ 5 Abs. 4 des Gesetzes über das einheitliche sozialistische Bildungssystem vom 25. Februar 1965).

8 K.-H. Günther, Einige Grundgedanken des „Gesetzes über das einheitliche sozialistische Bildungssystem", Sonderdruck 1965.

9 „Im sozialistischen Bildungssystem bietet sich allen Menschen die Möglichkeit, ihre Begabungen und Talente zu entwickeln. In allen Bildungseinrichtungen sind hohe Anforderungen an Wissen, Können und Verhalten zu stellen. Zurückbleibenden ist die erforderliche Hilfe durch die Lehrkräfte und die Gemeinschaft zu geben" (ebd. § 6. 1).

in späteren Jahren aus unterschiedlichen Anlässen (Konfirmation oder Jugendweihe / Schwerter zu Pflugscharen) aber mit ähnlichen Methoden immer wiederholte. Jegliche Form von nicht direkt staatlicher Kontrolle unterliegender Tätigkeit Jugendlicher, noch dazu wenn sie einen gewissen Organisationsgrad erreichte, war den Machthabern prinzipiell suspekt und nach Möglichkeit zu unterbinden.[10]

Eigenes Denken von Schülerinnen und Schülern, das zu anderen als den propagierten Ergebnissen kam, wurde im Volksbildungssystem der DDR nicht etwa gewünscht, sondern wurde als Bedrohung wahrgenommen, auf die konsequent und massiv reagiert wurde. So wurden vier Schüler, die im Dezember 1949 einen Piratensender bauten und aus Anlass von Stalins 70. Geburtstag über die Verbrechen im Gulag aufklärten, verhaftet, nach Moskau gebracht, dort zu langjährigen Haftstrafen und einer der 18-jährigen zum Tod verurteilt und hingerichtet. Bis zum Ende der DDR änderte sich an dieser repressiven Haltung des DDR-Volksbildungssystems wenig. Das eigene Denken wurde nur dann toleriert, wenn es genau in den vorgezeichneten Bahnen verlief. Wer es an den Oberschulen der DDR wagte, bei seinen Denkbewegungen ein wenig von diesem Wege abzukommen, der hatte die Konsequenzen zu tragen. Auch wenn diese in den letzten DDR-Jahren nicht mehr Todesstrafe hießen, so hatte man doch mindestens den Rausschmiss aus der EOS (Erweiterte Oberschule) und damit das Ende der staatlichen Bildungskarriere zu gewärtigen, wie die Vorfälle an der Berliner EOS „Carl von Ossietzky" deutlich machten.

Trotz des umfassenden Ausbildungsanspruchs und einer Anfangs höheren Abiturientenquote als der Westdeutschen lag die Abiturientenquote in der DDR 1989 bei lediglich ca. 14%. Die Regulierung des Abiturzuganges folgte nicht in erster Linie Leistungsprinzipien, sondern politischen Vorgaben und politischem Wohlverhalten. So hatte ein Junge größere Chancen eine Zulassung zur EOS zu erhalten, wenn er sich für eine Offizierslaufbahn bei der NVA verpflichtete oder zumindest für einen dreijährigen Wehrdienst. Eine Nichtteilnahme an der Jugendweihe und fehlende Mitgliedschaft in der FDJ waren ein Ausschlussgrund für die Zulassung zur EOS oder auch zu einer Berufsausbildung mit Abitur. Schon bei der Schulanmeldung wurden Eltern gefragt, ob ihr Kind, gerade einmal sechs oder sieben Jahre alt, an der Jugendweihe teilnehmen würde, die acht Jahre später stattfand. Die Benachteiligung zeigte sich insbesondere bei konfessionell gebundenen Kindern und bei Kindern, deren Eltern zur Intelligenz zählten oder selbstständige Handwerker waren.

---

10 So beispielsweise die Junge Gemeinde (vgl. E. Ueberschär, Junge Gemeinde im Konflikt. Evangelische Jugendarbeit in SBZ und DDR 1945-1961, Stuttart 2003), die sogenannte „Offene Arbeit" oder die Punk-Bewegung (vgl. G. Furian, Punk-Protokolle, Berlin-Ost 1982).

Die falsche Meinung zu haben war in der Diktion der DDR-Schule ein Wissensproblem und insofern war die Meinung auch immer bewertbar, denn das zugrundeliegende Prinzip lautete, wenn man nicht die richtige Meinung hatte, dann hatte man offensichtlich die Wahrheit noch nicht verstanden.[11]

Im Lehrplan für das Fach Geschichte von 1972 kann man das am Beispiel der Stoffeinheit 4 „Die Errichtung der Grundlagen des Sozialismus in der DDR" nachlesen: „In der intensiven Auseinandersetzung mit den historischen Prozessen und den Klassenkämpfen dieser Jahre sollen tiefere Einsichten gewonnen und starke emotionale Wirkungen erzielt werden, insbesondere

– Stolz auf unsere unter Führung der Arbeiterklasse und der SED geschaffenen sozialistischen Errungenschaften sowie der Wille, mit Herz und Verstand für das sozialistische Vaterland einzutreten, es allseitig zu stärken und jederzeit zu schützen und zu verteidigen;

– Freundschaft und brüderliche Verbundenheit mit der Sowjetunion und den anderen Völkern der sozialistischen Staatengemeinschaft sowie mit allen anderen Kräften des gesellschaftlichen Fortschritts;

– Haß und Unduldsamkeit gegenüber den imperialistischen Feinden des Friedens, der Demokratie und des Sozialismus".[12]

Besonders deutlich wurde dieses Ineinander von Wissen und Haltung im Leitfach der Politischen Erziehung, Unterrichtsfach Staatsbürgerkunde.[13]

Christliche Eltern wurden aus dem Elternaktiv der Klassen, in denen sie bis dahin engagiert waren, herauskomplimentiert. Politisch nonkonforme Eltern waren nicht erwünscht.[14]

---

11 Vgl. C. Führer, Die Montagsangst, Köln 1989.
12 Ministerium für Volksbildung 1972, S. 39. Wie das in konkreten Unterricht umgesetzt wurde, kann man nicht nur in Handreichungen für die Lehrer, sogenannten „Unterrichtshilfen" und Schulbüchern und Unterrichtsmedien (wie z.B. Schulschallplatten ansehen und anhören, sondern am Beispiel dieser Unterrichtseinheit auch an einer Videoaufzeichnung einer Unterrichtsstunde aus dem Jahr 1977 ansehen. Eine Unterrichtsstunde zum Thema „Die Sicherung der Staatsgrenze am 13.8.1961" ist mit vielfältigem Hintergrundmaterial als DVD beim FWU erschienen. Vgl. Schluß 2005.
13 Vgl. T. Grammes / H. Schluß / H.-J. Vogler, Staatsbürgerkunde in der DDR – Ein Dokumentenband, Wiesbaden 2006.
14 Maria Nooke berichtet, dass sich diese Erfahrung über die gesamte Dauer der DDR bis hinein in die 80er Jahre wiederholte: „Meine Eltern und meine Schwiegereltern wurden Mitte der 1960er Jahre aus dem Elternaktiv der Klassen, in denen sie bis dahin engagiert waren, herauskomplimentiert. Sie waren als Christen kirchlich gebunden, ihre Kinder nicht Mitglied der Pionierorganisation. Meine älteste Tochter wurde 1989 eingeschult. Auf die Frage der Lehrerin an die Elternschaft, wer denn bereit wäre, im Elternaktiv mitzuarbeiten, war ich die einzige Mutter, die sich meldete. Drei Wochen nach Schuljahresbeginn folgte der erste El-

Als zum IX. Pädagogischen Kongress am 13.-15. Juni 1989 zahlreiche Zu-
schriften an das Volksbildungsministerium unter Leitung von Margot Honecker
gerichtet wurden, führte das nicht zur Auseinandersetzung mit der Kritik und den
Anfragen. Die gesellschaftskritisch interpretierbaren Stellungnahmen wurden umgehend an die Staatssicherheit weitergeleitet. Das Ministerium für Volksbildung
folgte wiederum der Anweisung des MfS, die Eingaben und Beschwerden nicht zu
beantworten. Stattdessen wurden die Verfasser vom MfS überprüft und operativ
eingeordnet oder bearbeitet.[15] Die führenden pädagogischen Wissenschaftler und
Bildungspolitiker beschworen dagegen in ihren Vorträgen auf dem Kongress die
Errungenschaften des realsozialistischen Bildungswesens. Und so konnte das MfS
resümieren: „Die von reaktionären kirchenleitenden und im Sinne politischer Un-
tergrundtätigkeit wirkenden Kräften direkt und verstärkt vorgetragenen Angriffe
zur gezielten Einflußnahme auf die sozialistische Bildungs- und Erziehungspolitik
kamen nicht zum tragen".[16]

Das MfS war im Volksbildungssystem in mehrfacher Weise präsent. A) Es be-
obachtete die Volksbildung b) wollte es sogar eine eigene Pädagogik entwickeln, c)
machte es Lehrer und Lehrerinnen zu Inoffiziellen Mitarbeitern, die die ihnen anvertrauten Kinder ausspionierten. Besonders perfide ist dabei das Kapitel der sogenannten Kinder IM, das deutlich macht, wie systematisch Kinder zu Spitzeln gemacht wurden.[17] Bei der großen Bedeutung, die das Volksbildungssystem für die
DDR hatte, ist es beinahe erstaunlich, dass es zahlenmäßig mit IM durchaus nicht
so stark vertreten war, wie z.B. bei der Post. Die relativ geringe Zahl an IM im
Volksbildungssystem weist jedoch auch darauf hin, dass das MfS ein überdurchschnittliches Engagement im Volksbildungssystem nicht für nötig hielt: „Dies ist
Ergebnis einer etwa bereits 1947/48 einsetzenden (Selbst-)Disziplinierung des
Volksbildungssystems, in deren Verlauf es schließlich bis Anfang der 1960er Jahre

---

ternbesuch, denn die Lehrerin hatte mir mitzuteilen, dass ich nicht für eine Mitarbeit in der
Elternvertretung geeignet wäre, da meine Tochter nicht Mitglied der Pionierorganisation
würde. Ihre Begründung: Elternarbeit wäre hauptsächlich Unterstützung der Pionierarbeit –
die könne ich ja nicht leisten.

15 BStU MfS-HA XX/AKG, Nr. 88, Information 402/89 über politisch-operativ zu beachtende
Probleme im Zusammenhang mit dem IX Pädagogischen Kongress der DDR, 26.6.1989.
Vgl. auch: E. Neubert: Geschichte der Opposition in der DDR. Berlin 1997, 775f.

16   BStU-A – Informationen über politisch-operativ zu beobachtende Probleme im Zusammenhang mit dem IX. Pädagogischen Kongress in der DDR. – Sign. MfS HA XX/AKG 88. Hier
zitiert nach U. Wiegmann, Observation und Kooperation. Staatssicherheitsdienst und Schule
im politisch-operativen Zusammenwirken, in: J. Kramer / H. Schluß (Red.), Kirche in der
DDR (Zeitsprung, Sonderheft) Berlin 2010, 16-25, 23.

17 Vgl. ausführlich: U. Wiegmann, Pädagogik und Staatssicherheit – Schule und Jugend in der
Erziehungsideologie und -praxis des DDR-Geheimdienstes, Berlin 2007 sowie für einen guten zusammenfassenden Überblick: U. Wiegmann, Observation und Kooperation, a.a.O,
16-25.

nicht nur gelang, die beanspruchte bildungspolitische Führungsrolle des SED rigoros durchzusetzen, sondern seitens des Ministeriums für Volksbildung und im Besonderen seit 1963 in der Person Margot Honeckers als Ministerin das eigene Ressort sicher zu beherrschen".[18] Nachdem Erich Honecker 1971 Generalsekretär des ZK der SED und Staatsratsvorsitzender geworden war, war die Machtfülle der First Lady in ihrem Bereich so umfassend, dass selbst das MfS hier ein überdurchschnittliches Engagement weder für opportun noch für nötig hielt. Die Volksbildung musste nicht durch das MfS diszipliniert werden, das tat sie in aller Regel selbst.

2 Das evangelische Schulwesen – eine Alternative in der DDR zum Volksbildungssystem

Trotz des umfassenden Erziehungsanspruchs des Staates gab es auch in der DDR eine Alternative, die wie kaum anders denkbar unter dem Dach der Kirchen entstand. Voraussetzung dafür war paradoxerweise, dass die Kirchen von der gesellschaftlichen und namentlich der bildungspolitischen Mitgestaltung ausgeschlossen waren. Daher hatten sie ein vitales Interesse daran, sich ihren Nachwuchs selbst zu bilden; so reichten die wenigen altsprachlich ausgerichteten Oberschulen in der DDR nicht aus, um genügend Bewerber für das Theologiestudium zu gewinnen. Zu diesem Zweck wurden schon früh unterschiedliche kirchliche Ausbildungsinstitutionen gegründet, die in der Regel, analog zu den Instituten der Lehrerfortbildung und den russischen Priesterseminaren, als Seminare bezeichnet wurden. Dazu zählten auch die sogenannten Proseminare als innerkirchlich anerkannte gymnasiale Oberstufe.[19] Ein erstes Proseminar entstand in Dahme/Mark (1950-1969), in den kommenden Jahren kamen hinzu das Kirchliche Proseminar Naumburg/Saale (1950-1990), das Proseminar Moritzburg bei Dresden (1955-1991) und das Kirchliche Oberseminar Potsdam-Hermannswerder. Des Weiteren sind das katholische Nobertinum in Magdeburg (seit 1952) und die Theresienschule in Berlin Weißensee (1945 nach Schließung 1941 als Mädchenschule wiedereröffnet und als EOS geführt) zu nennen. Exemplarisch soll hier das KOS Potsdam-Hermannswerder

---

18 U. Wiegmann, Observation und Kooperation, a.a.O. 17.

19 Vgl. allgemein R. Hoennen, Von Schulen, die keine sein durften. Die kirchlichen Proseminare in der DDR, in: Chr. Gramzow / H. Liebold / M. Sander-Gaiser (Hrsg.), Lernen wäre eine schöne Alternative. Religionsunterricht in theologischer und erziehungswissenschaftlicher Verantwortung. Festschrift für H. Hanisch zum 65. Geburtstag, Leipzig 2008, 333-350 sowie K. Dienst, Bildungspolitik und Kirchen, in: Handbuch der deutschen Bildungsgeschichte. Bd. VI: 1945 bis zur Gegenwart. Zweiter Teilband. Hrsg. von Ch. Führ / C.-L. Furck, München 1998, 54-67.

näher betrachtet werden. Eröffnet wurde es im Gebäude des ehemaligen Oberly-
zeums der Hoffbauer-Stiftung auf Hermannswerder am 4./5.5.1950 als Proseminar
Potsdam-Hermannswerder, das 1969 mit dem Proseminar Dahme zum Kirchlichen
Oberseminar Potsdam-Hermannswerder fusionierte. Im Informationsblatt des Proseminars von 1951 wurde die Funktion der Ausbildung als „Grundlage für das weitere Studium der Theologie" hervorgehoben:[20] Unterrichtet wurden zunächst ausschließlich volljährige Männer, später auch Frauen in den drei biblischen Sprachen,
in Deutsch, in (kirchlicher) Musik und Kunst sowie in ‚Christenlehre' (Bibelkunde,
Gesangbuchkunde, Kirchengeschichte). Darüber hinaus vermittelte der vierjährige
„Lehrgang" aber auch Grundzüge der höheren Mathematik, Naturwissenschaften
und Geschichte. Die Ausbildung stand in den Anfangsjahren unter dem Anspruch,
eine innerkirchliche Elite heranzubilden, die humanistischer Bildung und christlichem Ethos verpflichtet war und sich von der sozialistischen Umwelt klar abgrenz-
te. Dieser traditionalistische und exklusive Anspruch erwies sich als konzeptionell
zu eng, die Altersbeschränkung war infolge der flächendeckenden Einführung des
zehnklassigen POS-Abschlusses in der DDR nicht mehr sinnvoll. Im Zuge der Zusammenlegung mit dem Proseminar Dahme wurde die Ausbildung daher neu konzipiert. Die Ausbildungszeit wurde von vier Jahren auf drei Jahre verkürzt; nunmehr wurden Mädchen und Jungen ab 16 Jahre aufgenommen, aber auch weiterhin
ältere Jugendliche mit abgeschlossener Berufsausbildung. Die Lehrgänge wurden
differenziert in einen altsprachlich orientierten ‚A-Zweig' (ohne Hebräisch) und
einen ‚N-Zweig', in dem statt Griechisch Englisch als Hauptfach unterrichtet wurde, was die Lösung vom Ideal humanistischer Elitenbildung augenfällig dokumen-
tiert. 1979/80 ist die Ausbildung noch ein weiteres Mal nach dem Vorbild der
gymnasialen Oberstufe der Bundesrepublik umgestaltet worden, indem ein flexible-
res System von Pflicht- und Wahlkursen eingeführt wurde, das zugleich den Anschluss an bundesdeutsche Standards gewährleistete. Die Umwandlung des KOS in
das Evangelische Gymnasium Potsdam-Hermannswerder 1990 setzte diese Tendenz fort.

Dennoch bot sich den Seminaristen im KOS (wie in den anderen kirchlichen
Proseminaren) ein seltener Freiraum inmitten allgegenwärtiger staatlicher Bevormundung, im mehrfachen Sinn. Das betraf zunächst die Inhalte, wurde hier doch
ein Anschluss an ansonsten verpönte christliche Traditionen und humanistische
Bildung hergestellt, kamen die Seminaristen mit einer Fülle von Themen, Fragestellungen und nicht zuletzt literarischen und künstlerischen Gattungen und Werken
in Berührung, die in den staatlichen Schulen gar nicht oder nur ideologisch verkürzt

---

20 Zum Folgenden auch Hoenen 2008, 344ff. sowie Chr. Schröder, vom Kirchlichen Obersemi-
    nar zum Evangelischen Gymnasium, in: 1950-1990. Festschrift zum 40jährigen Jubiläum des
    Kirchen Oberseminars in Potsdam-Hermannswerder, Potsdam-Hermannswerder 1990, 7ff.

abgehandelt wurden.[21] Dass sich Lehrende und Lernende gleichermaßen bewusst für die Nischenexistenz in Hermannswerder entschieden hatten, ermöglichte im Unterricht eine gewisse Offenheit. Freiraum war Hermannswerder aber durchaus auch in einem elementaren Sinne, insofern das auf einer idyllischen Halbinsel gelegene KOS die Seminaristen schon räumlich von der DDR-Außenwelt distanzierte. Dabei ist das Seminar nicht ohne das im Haus untergebrachte Internat denkbar; Dozenten, Betreuer und Seminaristen bildeten eine „Lebens- und Lerngemeinschaft",[22] deren Funktion weit über reine Wissensvermittlung hinausging und die sich sowohl in Andachten und Gottesdiensten als auch Festen, Konzerten, Theater- und Puppenspielaufführungen manifestierte. Besondere Erwähnung verdienen die herbstlichen Chorfahrten, die Konzerte und eine einwöchige Begegnung mit den örtlichen Gemeinden verknüpfte. Das KOS war aber auch ein Feld, auf dem die Seminaristen demokratische Spielregeln einüben konnten, z. B. in den jährlichen mit einigem Aufwand betriebenen Wahlen der Schulsprecher, die geschlechtergerecht als Doppelspitze von Seniorita und Senior ihr Amt als Vertreter der Schülerschaft ausübten.

Dieser Freiraum verdankte sich der pädagogischen Haltung, die sich trotz oder vielmehr gerade aufgrund der religiösen Bindung des KOS entscheidend von den ‚parteilichen' Vorgaben des DDR-Bildungswesen unterschied. Das Statut des KOS formulierte es 1974 ausdrücklich als Ziel, die Seminaristen „geistig selbständig und unterscheidungsfähig" zu machen.[23] Weder war diese Erziehung zum selbständigen Denken mit der sozialistischen Bewusstseinsbildung noch war diese Lern- und Lebensgemeinschaft insgesamt mit dem sozialistischen Kollektiv vereinbar. Es waren daher weniger bestimmte politische Überzeugungen, als vielmehr die spezifische Lebensform, die das KOS in Opposition zum Bildungs- und Staatswesen der DDR setzte. Das KOS hat damit ganz unterschiedliche Biographien geprägt, eine Prägung freilich, die sich einer bestimmten Zeit und einem bestimmten gesellschaftlichen Ort (wenn nicht gar „Winkel") verdankt. Aber gerade an diesem Ort stellte das KOS eine wichtige Alternative zum DDR-Bildungswesen dar, nicht für alle, denn das konnte diese Schule, die „keine sein durfte" – so Hoenen – nicht leisten; eine Alternative jedoch für viele Einzelne, Lehrende wie Lernende, insofern das Seminar in einem repressiven Bildungssystem einen Raum evangelischer Freiheit eröffnete.

---

21 Vgl. dazu und auch zum Folgenden die Auskünfte von H. Immelmann, Was Schüler einen Ex-Seminaristen so alles fragen…, in: 100 Jahre Gymnasiale Bildung auf Hermannswerder. 1909-2009. Almanach und Festschrift, 2009, 35f.

22 So in der Präambel des Seminarstatuts von 1974, zitiert nach Hoenen 2008, 345. In den alten Statuten des Proseminars war von einer „Hausgemeinschaft" die Rede.

23 Präambel des Seminarstatuts von 1974, zitiert nach Hoenen 2008, 345.

Fazit

Letztlich ist das sozialistische Schulsystem in seinem Anspruch, einen menschen-
bildenden Prozess im Sinne der sozialistischen Gesellschaft zu inszenieren, gescheitert. Gerade die Jugendlichen der 1980er Jahre waren in ihrem Freiheitsdrang
nicht aufzuhalten. Nicht ohne Grund setzten sich Tausende von ihnen im Sommer
und Herbst 1989 von der DDR ab und flüchteten in den Westen. Die Abstimmung
mit den Füßen war nicht nur eine Abstimmung gegen das SED-Regime, sondern
auch eine Abstimmung gegen die sozialistische Schule mit allen ihren Zumutungen. Die Jugend war individualistischer als gedacht und weniger sozialismuskon-
form als gewollt.

Der Beitrag der evangelischen Religionspädagogik zum Projekt Europa*

Michael Wermke

1 Pluralisierung und Individualisierung als Signaturen der europäischen Einheit

Die Gegenwart wird vielfach mit dem Programmwort Postmoderne bezeichnet. Dieser Begriff geht auf den französischen Philosophen Jean-François Lyotard (1924-1998) zurück. In seinem 1979 erschienenen Buch ‚La condition postmoderne‘ das im Nachhinein einen geradezu prophetischen Charakter beanspruchen kann, erklärt Lyotard das Zeitalter der großen europäischen Ideologien der Aufklärung, des Sozialismus und des Liberalismus für gescheitert.[1]

In der Tat haben spätestens seit der politischen Wende in Europa um das Jahr 1989 die politischen Ideologien – Lyotard nennt sie die ‚großen Erzählungen‘ – ihre Kraft verloren. An die Stelle der großen sinnstiftenden ‚Erzählungen‘ ist die Menge der vielen kleinen ‚Erzählungen‘ getreten. Am sinnfälligsten ist der Verlust des Absolutheitsanspruchs der großen Erzählungen im Zusammenbruch der Sowjetunion zum Ausdruck gekommen ist.

Der Soziologe Franz X. Kaufmann beschreibt den Wandel zur postmodernen Gesellschaft wie folgt: Im Ergebnis tritt „an die Stelle der Hoffnung auf eine einheitstiftende universale Vernunft [...] die Anerkennung einer Pluralität von Rationalitätsformen [...], so daß die Einheit der Vernunft nicht mehr im Sinne einer übergreifenden Theorie (oder Ideologie), sondern nur noch lokal, mit Bezug auf bestimmte Probleme, im Übergang zwischen verschiedenen Rationalitätsformen [...] möglich erscheint“.[2]

---

* Gekürztes Manuskript eines Vortrages, gehalten im Rahmen des Symposiums „Europa als Herausforderung für die Religionspädagogik“ anlässlich des zehnjährigen Jubiläums der Seminarreihe „Comparative Religious Education in Europe“ an der LMU München.

1 J.-F. Lyotard, Das postmoderne Wissen. Ein Bericht, hg. von P. Engelmann, Wien [3]1994.

2 F.-X. Kaufmann, Zur Einführung. Probleme und Wege einer historischen Einschätzung des II. Vatikanischen Konzils, MS, Bielefeld 1995, 18; zit. n.: K. Gabriel, Gesellschaft im Umbruch – Wandel des Religiösen, in: H.-J. Höhn (Hg.), Krise der Immanenz. Religion an den Grenzen der Moderne, Frankfurt a. M. 1996, 31-49, hier 34.

Der alle Lebenszusammenhänge umfassende Wandel zu einer pluralistischen Gesellschaft lässt sich in unserer lebensweltlichen Realität auch mit ungeübtem Blick erkennen. So finden wir mittlerweile in allen Städten Europas, selbst schon in den Dörfern, eine Vielfalt ethnischer Herkünfte, von Lebensformen, sozialen Milieus, Lebensstilen, Weltanschauungen und Religionen etc. vor. Kennzeichnend für diese unterschiedlichen kulturellen Erscheinungsformen ist zum einen, dass sie überwiegend nicht im Konflikt zueinander stehen, sondern schiedlich-friedlich getrennt, wenn nicht sogar integriert sind, und zum anderen, dass die traditionellen, die herkömmlichen Lebensformen eben eine Option unter anderen sind. Der Wandel der Gesellschaft zu einer pluralistischen kann als ein Wandel zur Befreiung und zur Differenz verstanden werden.

Zu der kulturphilosophischen Seite der Vielfältigkeit der Welterklärungstheorien gehört auf der anderen Seite die Individualisierung kultureller Lebensstile und sozialer Beziehungen. Pluralismus und Individualität bedingen sich hierbei gegenseitig, sie bilden die zwei Seiten einer Medaille. Im Gegenzuge verlieren Traditionen und Konventionen zunehmend ihre verhaltensstabilisierende und -orientierende Funktion. Die Pluralisierungs- und Individualisierungsprozesse eröffnen einerseits gesellschaftliche und private Freiheitsspielräume. Andererseits: Aufgrund des Funktionsverlustes der Tradition steht der einzelne vor der ihm nicht mehr abzunehmenden Aufgabe, sein ‚eigenes Leben' zu führen.[3] Diese Aufgabe setzt ihn frei für die selbstständige Entscheidung darüber, wie er sein Leben gestalten möchte und verpflichtet ihn jedoch auch zu dieser Entscheidung, sein Leben in die eigenen Hände zu nehmen und es damit auch verantworten zu müssen. Mit der Vielfalt in der Pluralität wächst also der Zwang zur Wahl, der ‚Zwang zur Häresie', wie der amerikanische Soziologe Peter L. Berger es formuliert.[4] Kaum ein Schulabsolvent muss, aber auch: kann heute noch damit rechnen, in die beruflichen Fußstapfen seines Vaters zu treten – das gilt für akademische und mehr noch für nichtakademische Berufe. Die Zeiten, in denen die Äpfel nicht weit vom Stamm fielen, sind vorerst vorbei. Aber welchen Weg soll der Schulabgänger einschlagen? Welche Entscheidung garantiert ihm Sicherheit in der Zukunft? Und wen soll er verantwortlich machen, wenn seine Entscheidung sich als falsch herausstellt, sein Plan scheitert? Die Gesellschaft ist zu unübersichtlich und ihre Entwicklung zu unsicher, als dass die Elterngeneration ihren Nachkommen verlässliche Empfehlungen mitgeben kann. Als Folgen können nostalgische Sehnsucht, Verunsicherung, Überforderung, Lethargie, bisweilen der Wunsch nach komplexitätsreduzierenden Erklärungen eintreten. Ich behaupte, dass der moderne religiöse und politische Funda-

---

3   So ein Buchtitel von U. Beck / W. Vossenkuhl / U. E. Ziegler, Eigenes Leben. Ausflüge in die unbekannte Gesellschaft, in der wir leben, München 1995.

4   P. L. Berger, Der Zwang zur Häresie. Religion in der pluralistischen Gesellschaft, Freiburg i.B. 1992.

mentalismus eine Folgeerscheinung der globalen Pluralisierung ist. Andererseits bieten sich, um bei dem Beispiel der Lebenslagen heutiger Jugendlichen zu bleiben, im Zeitalter von Erasmus- und Sokrates-Programmen noch längst nicht ausgeschöpfte Möglichkeiten der Begegnungen, des Lernens und Studierens und beruflicher Entwicklung in einem Europa ohne politische und bürokratische Grenzen, von dem die Jugend vor dreißig Jahren nur träumen konnte.

Eine Folgeerscheinung der gesellschaftlichen Pluralisierung ist die Entinstitutionalisierung. An Institutionen wie Parteien, Gewerkschaften, Vereine und auch Kirchen binden sich Individuen über Generationen hinweg; sie ordnen sich ein und unter, gemeinsam artikulieren sie durch die Institutionen ihre Interessen. Durch Teilhabe an den Institutionen versichern sich die Individuen ihre soziale Zugehörigkeit und bewahren damit zugleich die Gültigkeit der Traditionen und Konventionen.

Freigesetzt zur Aufgabe, das eigene Leben allein zu meistern, verlieren jedoch die Institutionen für die Subjekte ihre sinnvermittelnde Kraft und erodieren. Mit der zunehmenden Individualisierung löst sich die gesellschaftliche Bindungsfähigkeit von Institutionen auf. An die Stelle der Institutionen tritt das Individuum. Damit bewegen wir uns freilich in einer Paradoxie: Einerseits befreien wir uns von der Leitung uns 'bevormundender' Institutionen, andererseits sichert uns die Institution, die Freiheitsrechte in Anspruch nehmen zu können. Das heißt: Mit ihrem Bedeutungswandel sind Institutionen nicht überflüssig geworden, nur die Umgangsweisen mit ihnen haben sich geändert. Das Engagement für eine Institution ist heute keine Selbstverständlichkeit mehr, jedoch will man sie von Fall zu Fall, also temporär und okkasionell, in Anspruch nehmen können. Auf diesem Hintergrund ließe sich zum Beispiel verstehen, warum die Zustimmung zum europäischen Einigungsprozess zwar überwältigend ist, die Wahlbereitschaft zum Europäischen Parlament jedoch ausgesprochen gering ausfällt. Auch die europäischen Institutionen haben ein Plausibilitätsproblem.

Und nun zur wichtigen Frage der Wertebildung.[5] Die Pluralisierung unserer europäischen Gesellschaften betrifft auch tiefer liegende existenzielle Fragen nach Wertevorstellungen, Sinndeutung und Identitätsbildung. Auch dies möchte ich mit einigen kräftigen Strichen umreißen: Wir meinen innerhalb der Gesellschaften einen umfangreichen Verlust allgemeingültiger traditioneller Wertvorstellungen ('Werteverlust') beobachten zu können, der sich aber bei genauerer Sicht als eine Vervielfältigung der Wertvorstellungen ('Wertepluralität') darbietet (z.B. Mobilität vs. Heimatverbundenheit). Die Tatsache, dass in manchen Regionen Europas und auch

---

5 Folgender Gedankengang bezieht sich auf Ausführungen von B. Dressler, Religionsunterricht – Angebot unter Angeboten; in: ders., Blickwechsel. Religionspädagogische Einwürfe, Leipzig 2007, 137-163.

in Deutschland rechtsradikale Parolen eine recht hohe Zustimmung erfahren, ist jedenfalls kein Ausdruck für einen Werteschwund, sondern ein sichtbares Zeichen für eine Überforderung bestimmter Bevölkerungsschichten angesichts zunehmender Wertepluralität.

Die Vielfalt und die dadurch entstehende Konkurrenz der Werte erfordern vom Einzelnen, diese zu erkennen und auszugleichen. Aber welche Werte können in umfassender Weise in der Gesamtgesellschaft gelten und vom Einzelnen anerkannt werden? Wie kann z.b. der Begriff ‚Solidarität' in einer sich individualisierenden Gesellschaft Bestand haben? Die Frage ist also, inwieweit Werte zum einigenden Band einer pluralisierten Gesellschaft beitragen können, oder ob sie nicht vielmehr zum Unterscheidungsmerkmal der Individuen geworden sind und damit letztlich zu einer Wertekonkurrenz beitragen. Wenn dem so ist, dann bräuchten wir weniger Werte.

Ich fasse diese Überlegungen mit folgender Frage zusammen: In welcher Weise betreffen die beschriebene Pluralisierung und Individualisierung das Christentum in seiner Tradition und die Kirche als die institutionalisierte Verfasstheit der Christen?

– Pluralisierung bedeutet, dass das Christentum in einer europäischen Gesellschaft in Konkurrenz zu anderen Religionen tritt;

– Individualisierung bedeutet, dass der Einzelnen gegenüber dem Christentum bzw. den Religionen im Allgemeinen zunehmend in einem wählenden Verhältnis steht;

– Enttraditionalisierung und Entinstitutionalisierung bedeuten, dass in wachsendem Maße die Zugehörigkeit zur Kirche und die gemeinschaftliche Teilhabe an christlichen Glaubensvollzügen kein Ausdruck von Selbstverständlichkeit mehr ist. Zumindest für den westlichen Teil Europas gilt bereits: Niemand geht mehr zur Kirche, weil man das schon immer getan hat, sondern der Einzelne geht, weil er dies als für sich richtig entschieden hat.

– Jedes zusätzliche, auch christliche Werteangebot „verschärft im Prinzip die Wertekonkurrenz, erweitert im besten Fall die Optionen der Bastelarbeit und trägt im nicht unwahrscheinlichen schlechtesten Fall zur Orientierungs*unsicherheit* durch Pluralitätszuwachs bei."[6] Was wir vielmehr benötigen sind besondere Diskursformen, um den aus historischen, kulturellen und religiösen Gründen sehr unterschiedlich geprägten Wertevorstellungen – ich verweise hier auf das Beispiel der europäischen Euthanasiedebatte – gerecht werden zu können.

---

6   Dressler, Religionsunterricht, a.a.O., 151.

2 Gesellschaftliche Pluralisierung in der Perspektive deutscher Religionspädagogik

Wir beobachten gerade als Religionspädagogen seit etwa fünfzehn, zwanzig Jahren einen grundlegenden Paradigmenwechsel in der Beschreibung des Stellenwerts von Religion in der Gesellschaft: vom Säkularisierungs- zum religiösen Pluralisierungsparadigma. Die Prognose eines post-religiösen bzw. religionslosen bzw. säkularisierten Zeitalters hat sich weder in West- noch in Osteuropa bewahrheitet – und eben auch nicht, so darf ich kühn behaupten, in den neuen Bundesländern. Freilich ist es offensichtlich, dass Religion in unserer Gesellschaft einem Gestaltwandel unterliegt. Ihre traditionellen Formen und Gehalte – institutionalisiert in den beiden christlichen Großkirchen – verlieren wie alle Traditionen und Großorganisationen an gesellschaftlicher und politischer Bedeutung, zumindest ihre Monopolstellung in Sachen existenzieller Lebensdeutung.

Stattdessen wird Religion zunehmend individualisiert und unterliegt im gleichen Zuge dem ‚Zwang zur Häresie' (Peter L. Berger), dem Zwang zur Entscheidung, d.h. auch religiöse Formen und Gehalte gelten nicht mehr selbstverständlich, sondern werden zu Gegenständen der eigenen Wahl. Ein sinnfälliges wie bodennahes Beispiel ist hierfür die Haltung vieler auch kirchlich gebundener Eltern, die die Kindstaufe zugunsten der Erwachsenentaufe mit dem Argument ablehnen, ihrem Kind die Option offen halten zu wollen, sich eines Tages für eine Religion oder Weltanschauung selbst entscheiden zu können. Ähnliches haben wir auch hinsichtlich der Wahrnehmung des Elternrechtes bzgl. der Teilnahme der an sich noch nicht religionsmündigen Kinder am Religions- oder Ethikunterricht zu beobachten.

Auch wenn wir es theologisch vielleicht schwer akzeptieren wollen: Es bietet sich heute dem Betrachter ein buntes, eben plurales Bild religiöser Angebote, aus dem sich der Einzelne je nach Lebenssituation, Bedürfnis und Überzeugung bedienen kann. In die Wahlperspektive sind neben den traditionell-kirchlichen Religionsformen neoreligiöse Mischformen gerückt, die sich v.a. aus dem ostasiatischen Bereich stammenden Traditionen speisen (‚Esoterik').

Zudem existieren – gerade auch mit Blick auf die neuen Bundesländer und deren spezifischen Geschichte gesagt – zivilreligiöse Formen, die unseren Verdacht schärfen, dass keine Gesellschaft ohne Religion auskommen kann. Anschaulicher gesagt: Heute ist jede Taufe, jede Teilnahme am Religionsunterricht, jede Konfirmation oder jede Jugendweihe, jede Hochzeit, jeder Bestattungsritus nicht mehr Ausdruck einer kulturell vermittelten religiösen Selbstverständlichkeit, sondern Ergebnis eines bestimmten, individuellen Wahlverhaltens angesichts an sich gleichberechtigter Wahloptionen.

Wie schon erwähnt, gehören zu dem pluralen Angebot auf dem Markt der Heilslehren zunehmend fernöstliche Religionen und deren Derivate. Ayurveda-Tee, Zen-Buddhismus, Reinkarnationsvorstellungen stehen als mittlerweile alltäglich gewordene Elemente einer je individuell zu gestalteten ‚Patchwork'-Religion ebenso zur Verfügung wie die geflügelten Boten Gottes, der Weihnachtsbaum, die Einkehrtage im Benediktinerkloster oder die Pilgerwanderung nach Santiago di Compostella. Es ist schon mit einer gewissen Faszination zu beobachten, wie mühelos gerade sich bei als eher kirchennah verstehende Menschen Inkommensurabilitäten wie das Christuskreuz am Hals und das seinem Träger allgemeines Wohlbefinden versprechende Steinkettchen am Handgelenk vereinigen können.

Neben der Möglichkeit, präziser wohl Verpflichtung zur Wahl auch in Dingen der Religion und der voranschreitenden Entwicklung synkretistischer Gestaltungsformen des Religiösen ist als drittes wichtiges Element der Pluralisierung von Religion in unserer Gesellschaft die Bedeutung der Migrationsbewegungen zu benennen. Vor allem für Jugendliche, präziser für Schülerinnen und Schüler ist neben dem Christentum der Islam eine signifikant lebensstilprägende Religion – erkennbar etwa an den Kleidungssitten und den Speisegewohnheiten ihrer muslimischen Mitschüler. Zwar stellt der Islam aus unterschiedlichen Gründen keine echte Wahloption für die Jugendlichen dar, seine Anwesenheit bestätigt ihnen jedoch zumindest die religiösen Pluralisierungsbewegungen unserer Gesellschaft und sie zeigt ihnen zugleich auch die offensichtliche Relativierung eines exklusiven christlichen bzw. kirchlichen Deutungsanspruchs auf. Ähnliche Erfahrungen machen Christen in konfessionellen Diasporagebieten oder in den säkularisierten Ländern des ehemaligen Ostblocks.

3 Religionsdidaktische Konsequenzen: Abschied vom Selbstverständlichen

Die traditionellen Wertevorstellungen und Sinndeutungen sind zwar nicht im Verschwinden begriffen, stehen jedoch in Konkurrenz zu modernen Wert- und Sinndeutungsangeboten. Die Pluralität der Wertevorstellungen und Sinndeutungen zieht die Frage nach einer neuen, selbstbestimmteren Ethik und nach neuen, selbstbestimmteren Formen der Lebensdeutung nach sich. Der katholische Religionssoziologe Karl Gabriel erklärt: „Der Umgang mit Andersheit, Ambivalenz und Unsicherheit wird zu einer entscheidenden Herausforderung und Bedingung für gelungene Identitätsbildung und Lebensführung im Kontext entfalteter Modernität."[7] Für die konstruktive Arbeit an der eigenen Biografie braucht es daher einer besonderen

‚Pluralitätskompetenz' (Wolfgang Welsch). Pluralitätskompetenz meint die Fähigkeit, die produktiven Seiten von Unterschiedlichkeiten zu erkennen, sie zu ertragen
und besonders aber Differenzen zu nutzen. Das heißt, es sind Fähigkeiten zu entwickeln, sich und sein soziokulturelles Umfeld aus mehreren unterschiedlichen Perspektiven auch empathisch wahrzunehmen und deuten zu können. Dazu gehört der
produktive Umgang mit nichtstandardisierten und nicht standardisierbaren Situationen der Lebensgestaltung. Dazu zählen dann auch Potenziale, um Stabilität in in-
stabilen Situationen und Verhältnissen herzustellen und mit hohen inneren und äußeren Unsicherheitsniveaus umgehen zu können. Die gelingende Verzahnung vielfältiger Anregungen und Perspektiven, die Vereinbarung von Distanz und Engagement, von Beobachten und Tun in produktiver Art und Weise machen das aus, was
man als ‚Pluralitätskompetenz' bezeichnen könnte. Die Vermittlung von Pluralitätskompetenz bildet damit ein wesentliches Bildungsziel auch des Religionsunterrichts.

Welche prinzipiellen Zielformulierungen für den Religionsunterricht ergeben sich
der Beschreibung der Lebenswelt von Kindern und Jugendlichen? Oder etwas präziser gefragt: Was kann der Religionsunterricht dazu beitragen, den Heranwachsenden in einer unübersichtlich gewordener Welt pluralistischer Vielfalt, die aus
Episoden, Fragmenten und scheinbaren Beliebigkeiten besteht, eine Pluralitätskompetenz entwickeln zu helfen?
   Natürlich beinhaltet der Bildungsauftrag des Religionsunterricht nicht nur die
religiöse, sondern auch die ethische Dimension, so dass ich zum Abschluss sowohl
auf didaktische Konesequenzen sowohl ethischer als auch religiöser Bildung eingehen möchte.

Zunächst zu den didaktischen Konsequenzen ethischer Bildung im Religionsunterricht:

Das Ziel ethischer Bildung ist die Befähigung, die Kompetenz, sich in der sich plu-
ralisierenden und damit für uns alle unübersichtlicher gewordenen Gesellschaft orientieren und zurechtfinden zu können. Diese Kompetenz besteht also in einer ethischen Urteilskraft. Diese Urteilskraft bildet die fundamentale Voraussetzung für die
autonome Lebensführung und der Übernahme von Verantwortung im persönlichen,
gesellschaftlichen und politischen Bereich. Die Bildung einer eigenen Urteilskraft
beruht auf der dialogischen Auseinandersetzung mit fremden und eigenen Wertvor-
stellung und Lebensentwürfen.
   Der Tübinger Religionspädagoge Karl Ernst Nipkow führte hierzu bereits 1981
aus: „Der Weg zur moralischen Urteilsbildung in unserer Zeit ist nicht die willkürliche Setzung der Moral durch das einzelne große Individuum und die suggestive

---

7   Gabriel, Gesellschaft, a.a.O., 35.

Vermittlung dieser Moral an die Masse, er ist auch nicht der Weg der moralischen Bevormundung einer Gruppe durch eine andere, sondern dieser Weg ist das Gespräch, in welchem jeder den anderen zu begründeter Rechenschaftsabgabe anhält und das Gute gemeinsam in Richtung auf einen frei akzeptierte Konsens gesucht wird."[8] Damit eröffnet der Religionsunterricht eine orientierende Perspektive, eine Blickrichtung *auf* die Pluralität, die diese nicht negiert, nicht selektiert, sondern ordnet und damit lebbar macht. Der Religionsunterricht zielt so verstanden ab auf Lebensführungskompetenz unter den Zumutungen von Pluralität, indem er im Licht des Evangeliums die Welt und Stellung des Einzelnen in der Welt neu darstellt und ordnet.

Nun zu den didaktischen Konsequenzen religiöser Bildung im Religionsunterricht:

Es gibt, so lernen die Kinder schon im Kindergarten und in der Grundschule, noch andere Religionen, die für den individuellen Lebensstil und das kulturelle Selbstverständnis eine – wohlgemerkt scheinbar – bestimmendere Bedeutung hat als das Christentum. Das heißt, bevor Kinder ihre Identität in ihrer eigenen Konfession bzw. Religion gefunden haben, haben sie bereits gelernt, dass alles auch anders sein könnte – das gilt sowohl für die religiös-konfessionelle Minorität wie Majorität. Es ist eine besondere Herausforderung, Kindern und Jugendlichen den Umgang mit Pluralität zu ermöglichen, ohne sie weder in die Falle der Beliebigkeit noch der Ignoranz laufen zu lassen.

Die Entwicklung der eigenen konfessionellen Identität unter den Bedingungen der auf Verständigung angewiesenen Pluralität erweist sich daher in der Tat als anspruchsvolles, aber lösbares Unterfangen. Es zeigt sich in den Studien zum konfessionell-kooperativen Religionsunterricht, dass man die Schülerinnen und Schüler als sog. Experten ihrer Konfessionen keinesfalls überfordern darf, dass aber in der Begegnung mit Angehörigen anderer Konfession die Frage nach der eigenen Konfession sowohl bei den Schülern wie auch bei den Lehrkräften eine neue Qualität erreicht.

Lernen und Begreifen bedeutet die Bereitschaft und Fähigkeit zu sich selbst in Distanz zu treten und die Perspektive des anderen auf sich selbst zu übernehmen.[9] In diesem Zusammenhang hat Bernhard Dressler das Bild vom Froschvogel ge-

---

8   K. E. Nipkow, Moralerziehung. Pädagogische und theologische Antworten, Gütersloh 1981, 56.

9   Die Konfessionalität des schulischen Religionsunterrichts ist für mich daher unhintergehbar, weil er die Binnenperspektivtät sichert. In diesem Zusammenhang bemühe ich im Übrigen gern das Bild vom Religionsunterricht als Leuchtturm, auf den Schüler und Religionslehrer gemeinsam steigen, um im Lichte des Evangeliums sich selbst und die Welt wahrnehmen und begreifen zu lernen – mit der Option, diese Deutungsweise als nicht hinreichend zu erachten.

prägt. Er meint damit, dass unter den Bedingungen religiöser Pluralität niemand von uns noch allein binnenperspektivisch, sozusagen wie ein Frosch, seine Religion wahrnehmen kann, sondern zugleich aus der Vogelperspektive die Konturen der eigenen Religion im Kontext der Vielgestaltigkeit der Religionen wahrnimmt. „Die Pointe des religiösen Glaubens ist freilich, dass man in der Froschperspektive glaubt, was man glaubt, auch wenn man in der Vogelperspektive diesen Glauben nur als einen unter vielen weiß."[10] Demnach ist jeder Gläubige ein gewachsener Froschvogel, der in der Froschperspektive seine Religion erlebt und in der Vogelperspektive seine Religion versteht. Ein Ziel religiöser Erziehung ist für Dressler die Fähigkeit zum situativ angemessenen Wechsel zwischen Außen- und Binnenperspektive, gar zur lebensgeschichtlichen Gleichzeitigkeit von Außen- und Binnenperspektive. Einfacher formuliert: Das Ziel religiöser Bildung besteht darin, seinen eigenen Glaubensüberzeugungen zu trauen, auch wenn man merkt, dass es in der Welt zum selben Thema auch noch andere Überzeugungen gibt. Das heißt, religiöse Pluralität erfordert den Mut, Unsicherheiten in Glaubensfragen auszuhalten, dieser Mut wiederum basiert auf der eigenen Glaubensgewissheit.

Pluralitätskompetenz ist im Grunde ein Synonym für ‚Unsicherheitstoleranz'. Pluralitätskompetenz verlangt keine unsicheren Menschen, sondern starke Menschen – die aber nicht dauernd aus eigener Kraft stark zu sein versuchen, weil sie sich unabhängig von dem, was sie können und leisten, geachtet und geliebt wissen.

Bernhard Dressler formuliert es so: „Der ‚Mut, Unsicherheiten auszuhalten', kennzeichnet die Religionen der jüdisch-christlichen Tradition mehr als die Suche nach innerweltlichen Sicherheiten und Geborgenheiten. Insbesondere der evangelische Religionsunterricht, der der reformatorischen individuellen Freiheit des Glaubens verpflichtet bleibt, enthält ein Angebot, ‚Unsicherheitstoleranz' gegenüber dem Irritationspotential unübersichtlicher Lebenswirklichkeiten zu entwickeln, statt die plurale Vielfalt trotzig zugunsten eines zweifelhaften Sicherheitsbedürfnisses auszublenden."[11] Oder um es mit dem Münsteraner Religionspädagogen Christian Grethlein theologisch zu sagen: „Die Erinnerung an die Endlichkeit des Menschen, die Zerstörung falscher Sicherungsbestrebungen erfordern ein Fundament der Lebensgewissheit. Der christliche Glaube bietet dies an in der Botschaft von Gott, der uns Menschen aus Liebe rechtfertigt."[12]

---

10 B. Dressler, Christliche Bildung. Begründungen kirchlicher Bildungsarbeit (2000), http://www.loccum.de/material/kirche/dressler_relpaed.pdf, S. 5; mit Bezug auf Ch. Geyer.

11 Dressler, Religionsunterricht, a.a.O., S. 161; mit Bezug auf P. L. Berger, Pluralistische Angebote. Kirche auf dem Markt, in: Leben im Angebot. Das Angebot des Lebens. Protestantische Orientierung in der modernen Welt, hg. vom Kirchenamt der EKD im Auftrag des Rates der EKD, Gütersloh 1994.

12 Ch. Grethlein, Religionspädagogik, Berlin/New York 1998, 288.

Inklusion und christliches Menschenbild.
Christlich-pädagogische Perspektiven[1]

Manfred L. Pirner

1 Werthaltige Erfahrungen

Lassen Sie mich mit einer eigenen Erfahrung beginnen. Als ich noch Lehrer an einem Gymnasium war, habe ich mit meinen 8. Klassen regelmäßig eine Exkursion zu den diakonischen Anstalten von Neuendettelsau gemacht. Meine Schülerinnen und Schüler wurden in kleine Gruppen aufgeteilt und sie durften dann einen halben Tag mitleben und mitlernen in den Behindertenwerkstätten und in den verschiedenen Förderschulklassen, die es in Neuendettelsau gibt. Wenn wir hinterher über die Erfahrungen meiner Schüler bei ihren Begegnungen mit den überwiegend geistig behinderten Jugendlichen gesprochen haben, kamen häufig Äußerungen wie diese: „Mich hat beeindruckt, was die für eine Offenheit und Lebensfreude ausstrahlen." – „Also, wenn man so mit denen zusammen ist und sich unterhält, merkt man, dass noch andere Dinge im Leben wichtig sind als die angesagteste Markenkleidung." – „Ich finde, da merkt man, dass das Leben auch schön sein kann, selbst wenn man nicht alles kann, was andere können."

Für mich sind das Aussagen und Erfahrungen, die exemplarisch eine besondere Chance von inklusiven Schulen verdeutlichen, nämlich dass unsere Schulen und unsere Gesellschaft insgesamt menschlicher werden und nicht nur die Leistungsorientierung und das beste Abschneiden beim nächsten PISA-Test im Vordergrund stehen. Die Erfahrungen meiner Schüler/innen machen deutlich, dass nicht lediglich die sogenannten behinderten Menschen uns sogenannte Nichtbehinderte brauchen, sondern wir können umgekehrt auch durch die Begegnung mit behinderten Menschen bereichert werden. *Wer Kindern und Jugendlichen Begegnungen mit behinderten Menschen vorenthält, der enthält ihnen auch wichtige Lernerfahrungen vor.* Diese Einsicht lässt sich heute durch Ergebnisse aus der empirischen Forschung untermauern.[2] Diese andere Perspektive sollte in der Inklusionsdebatte

1   Der vorliegende Text basiert auf einem Vortrag, den der Verfasser am 15.11.2011 bei der Pädagogischen Konferenz des Christlichen Jugenddorfwerks Deutschland e.V. (CJD) in Bonn gehalten hat. Der Vortragsstil ist überwiegend beibehalten.
2   Vgl. W. Schweiker, Inklusives Lernen – empirische Befunde, in: A. Pithan / W. Schweiker, Evangelische Bildungsverantwortung. Ein Lesebuch, Münster 2011, 49-52.

nicht vernachlässigt werden: Es ist einerseits wichtig, dass behinderte Kinder und Jugendliche das Recht auf optimale Förderung durch inklusive Schulbildung erhalten, aber letztlich gilt dieses Recht auf eine inklusive Bildung für alle, sogenannte Behinderte und sogenannte Nichtbehinderte, gleichermaßen: grundsätzlich können alle von inklusiver Bildung profitieren.

Solche Erfahrungen und Überlegungen zeigen aber auch: Die Idee der Inklusion beinhaltet bestimmte anthropologische, gesellschaftspolitische und ethische Grundentscheidungen, die bedacht werden wollen. Die Forderung der Behindertenrechtskonvention der UNO nach einer inklusiven Bildung hat, wenn man sie wirklich ernst nimmt, eine geradezu revolutionäre Sprengkraft, die kaum zu überschätzen ist, weil sie unsere grundlegenden Vorstellungen von Gesellschaft, Bildung und Schule kritisch in Frage stellt. Denn einerseits zielt eine inklusive Bildung auf eine inklusive Gesellschaft, also eine Gesellschaft, in der Behinderte nicht mehr ausgeschlossen oder an den Rand gedrängt werden. Und andererseits zielt die Forderung nach inklusiver Bildung nicht nur auf das gemeinsame Lernen von behinderten und nichtbehinderten Schülerinnen und Schülern, sondern auf das gemeinsame Lernen auch über andere Unterschiedlichkeiten hinweg und folglich also auch auf eine Gesellschaft, in der niemand mehr ausgeschlossen oder marginalisiert wird – egal aus welchen Gründen.

In diesem Sinn hat Bremen, das als erstes Bundesland die Entwicklung einer inklusiven Schule in sein Schulgesetz aufgenommen hat, dort in § 3 formuliert:

> „Bremische Schulen haben den Auftrag, sich zu inklusiven Schulen zu entwickeln. Sie sollen im Rahmen ihres Erziehungs- und Bildungsauftrages die Inklusion aller Schülerinnen und Schüler unabhängig von ihrer ethnischen Herkunft, ihrer Staatsbürgerschaft, Religion oder einer Beeinträchtigung in das gesellschaftliche Leben und die schulische Gemeinschaft befördern und Ausgrenzungen einzelner vermeiden."[3]

2 Inklusion und christliche Pädagogik

Wie verhält sich die Forderung nach inklusiver Bildung zu einer christlich orientierten Pädagogik? Wie bei den allgemeinen UN-Menschenrechten generell lassen sich auch bei der Behindertenrechtskonvention der Vereinten Nationen anthropologische Wurzeln entdecken, die auf die jüdisch-christliche Tradition zurück gehen. Allerdings hat der bekannte Soziologe und Sozialphilosoph Hans Joas nicht zu Unrecht den Streit um die Frage, ob die Menschenrechte eher auf religiöse oder eher

---

3   Die Senatorin für Bildung und Wissenschaft der Hansestadt Bremen (Hg.), Bremer Schulgesetze 2009, online unter: http://www.bildung.bremen.de/fastmedia/13/Fassung1.pdf, 17.

auf säkular-humanistische Ursprünge zurückzuführen sind, als eine der unfruchtbarsten Debatten überhaupt bezeichnet.[4] Das stimmt einerseits, weil historisch betrachtet in der Tat beide Strömungen, eine religiöse, auf die jüdisch-christliche Tradition und andere Religionen zurückgehende, und eine humanistische, auf die griechische Philosophie und die europäische Aufklärung zurückgehende als wesentlich für die Entstehung der Menschenrechtsidee auszumachen sind.[5] Und auch Verfechter der christlichen Wurzeln der Menschenrechte können nicht bestreiten, dass sie sich von Kant bis weit ins 20. Jahrhundert hinein eher *gegen den Widerstand der christlichen Kirchen* haben durchsetzen müssen.

Joas hat aber auch insofern Recht, als grundsätzlich zwischen Genesis und Geltung zu unterscheiden ist: Auch wenn noch so unbestreitbar feststünde, dass das Christentum den „ideengeschichtlichen ‚Boden'" für die Entstehung der Menschenrechte abgegeben hat,[6] sollen die Menschenrechte und auch das Recht auf Inklusion ja gerade allgemeine Zustimmung über weltanschauliche und Religions-Grenzen hinweg finden. Wenn wir also in den Menschenrechten und in dem Recht auf Inklusion genuin christliche Anliegen entdecken und sie aus christlicher Perspektive interpretieren, sollten wir damit nicht andere Interpretationen aus anderen religiösen oder weltanschaulichen Perspektiven ausschließen – das widerspräche dann gerade dem Inklusionsgedanken. Es muss unser Anliegen sein, dass die Menschenrechte von ganz unterschiedlichen weltanschaulichen und religiösen Positionen aus bejaht, fundiert und ‚enkulturiert' werden können, so dass sie tatsächlich so etwas wie einen durch Überlappung entstehenden Konsensbereich („overlapping consensus")[7] einer pluralistischen Gesellschaft darstellen.

Andererseits kann die christliche Perspektive als nach eigener Überzeugung besonders hilfreiche und wichtige ins Spiel gebracht werden, gerade weil sie mit den Wurzeln der Inklusionsidee zu tun hat. Und zwar als eine Perspektive, die nicht nur für Christinnen und Christen bedeutsam sein kann. Der wohl renommierteste deutsche Philosoph Jürgen Habermas hat in jüngerer Zeit immer wieder davon gesprochen, dass die christliche Tradition auch für „religiös Unmusikalische" wie ihn

---

4   H. Joas, Der Mensch muss uns heilig sein, in: Die ZEIT, 52 (12/ 2010), 49-50, 49.
5   Vgl. H. Bielefeldt, Philosophie der Menschenrechte. Grundlagen eines weltweiten Freiheitsethos, Darmstadt 2005 sowie H. Bielefeldt, Historical and Philosophical Foundations of Human Rights, in: M. Scheinin/C. Krause (Hg.), International Protection of Human Rights. A Textbook, Turku 2009, 3-18.
6   So z.B. K. Hilpert, Die Menschenrechte in Theologie und Kirche, in: K. Bentele u.a. (Hg.), Theologie und Menschenrechte (Theologische Berichte 31), Freiburg 2008, 68-112, 83.
7   Die höchst einflussreiche Idee des „overlapping consensus" hat der amerikanische Sozialtheoretiker John Rawls in seinem Buch „Political Liberalismus" entwickelt J. Rawls, Political Liberalism, New York 1993.

selbst etwas zu sagen hat.[8] Ja, als Agnostiker vertritt er die Auffassung, dass die christliche Tradition gerade in bestimmten anthropologischen und ethischen Grundlagenfragen eine Aussagekraft und Differenzierungsfähigkeit besitzt, die von heutigem philosophischem Denken häufig nicht erreicht wird. Und er empfiehlt, dass nicht nur religiöse Menschen die ihnen wichtigen Perspektiven so in die Diskussion einbringen, dass sie auch säkularen Menschen verständlich werden, sondern auch umgekehrt, dass säkulare Menschen sich eine Sensibilität für religiöse Sprache und Argumente bewahren und auf religiöse Menschen hören. Ganz in diesem Sinn hat eine empirische Befragung der Mitarbeiterinnen und Mitarbeiter im Christlichen Jugenddorfwerk Deutschland e.V. (CJD), einem der größten christlichen Bildungsträger in Deutschland, gezeigt, dass auch diejenigen unter ihnen, die nicht an Gott oder an ein Leben nach dem Tod glauben, etwas mit den Grundaussagen des christlichen Menschenbilds und einer christlichen Pädagogik anfangen können.[9]

Das ist gleichsam der Rückenwind, mit dem ich im Folgenden versuchen will, die Inklusionsthematik mit grundlegenden christlichen Perspektiven von Mensch und Bildung in Beziehung zu setzen.

3 Inklusion und christliche Perspektiven von Mensch und Bildung

3.1 Der Mensch als Gottes Ebenbild – ist Gott behindert?

Zumindest bei Grundschulkindern kann eine solche Frage durchaus aufkommen. Wenn der Mensch als Ebenbild Gottes geschaffen ist, ist dann meine Freundin Katja, die ohne Arme geboren worden ist, auch Gottes Ebenbild? Ist Gott dann etwa auch behindert?

Nun ist theologisch geschulten Erwachsenen schnell klar, dass die biblische Aussage „Gott schuf den Menschen ihm zum Bilde" in Gen 1 nicht im Sinne des Aussehens gemeint, sondern eher im Sinne einer Statusaufwertung des Menschen zu verstehen ist. Während in altorientalischen Kulturen nur auserwählte Statthalter des Herrschers als seine Ebenbilder, seine Stellvertreter gewürdigt wurden, werden in dem biblischen Schöpfungstext alle Menschen gleichermaßen mit der Würde

---

8   J. Habermas, Glauben und Wissen. Friedenspreis des Deutschen Buchhandels. Frankfurt a.M. 2001 sowie J. Habermas, Zwischen Naturalismus und Religion. Philosophische Aufsätze, Frankfurt a.M. 2009.

9   M. L. Pirner, Christliche Pädagogik. Grundsatzüberlegungen, empirische Befunde und konzeptionelle Leitlinien, Stuttgart 2008.

versehen, Gottes Statthalter und Vertrauenspersonen zu sein: Ihnen allen wird die Menschenwürde zugeschrieben, und zwar unabhängig von ihren Eigenschaften, unabhängig davon, ob sie krank, schwach oder behindert sind.[10]

Dieses Verständnis von der gleichen Würde aller Menschen hat bereits im Israel des Alten Testaments immer wieder dazu geführt, im Namen Gottes soziale Gerechtigkeit für alle zu fordern, eine „konnektive Gerechtigkeit", wie der Anthropologe Jan Assmann sie bezeichnet hat, d.h. eine Gerechtigkeit, die sich in einer solidarischen Gemeinschaft verwirklicht.[11] In dieser solidarischen Gemeinschaft werden auch Menschen mit Behinderungen in Schutz genommen. So heißt es z.b. in Lev. 19,14: „Einen Stummen darfst du nicht verfluchen und einem Blinden kein Hindernis in den Weg legen, sondern fürchte dich vor deinem Gott. Ich bin Jahwe." Auf dieser Linie liegt auch die heutige theologisch-sozialethische Forderung nach einer partizipativen Gerechtigkeit, die das Recht aller auf Teilhabe an der Gemeinschaft meint und zu der heute in besonderer Weise die Bildungsgerechtigkeit bzw., wie Wolfgang Huber es genannt hat, eine „Befähigungsgerechtigkeit" gehört. Die unverlierbare Menschenwürde aller Menschen ist das Fundament für das Recht auf Bildung für alle.[12]

Dennoch bleibt die Frage, wie behinderte Menschen im Kontext der Schöpfungstheologie zu verstehen sind. Sind behinderte Menschen einfach als Teil der „guten Schöpfung Gottes" zu sehen, so dass auch eine schwere angeborene Behinderung lediglich als eine Spielart im Rahmen der Vielfalt der guten Schöpfung Gottes gelten kann? Es gäbe dann nicht mehr Behinderungen im eigentlichen Sinn, sondern lediglich plurale Ausprägungen der Schöpfung. Es zeigt sich eine gewisse Analogie zu diesem schöpfungstheologischen Gedanken, wenn heute in der erziehungswissenschaftlichen Diskussion teilweise dafür plädiert wird, den Begriff der „Behinderung" komplett fallen zu lassen und Behinderung lediglich als eine Variante der vielfältigen Heterogenitäten von Menschen zu begreifen. So wie manche Menschen größer, manche kleiner, manche musikalisch begabt, manche unmusikalisch sind, so müssen manche mit größeren oder kleineren körperlichen oder geistigen Beeinträchtigungen leben.

Neben anderen hat Bernd Ahrbeck, Professor für Verhaltensgestörtenpädagogik, in diesem Zusammenhang davor gewarnt, Behinderung „unsichtbar" zu ma-

---

10 Vgl. hierzu z.B. W. Schoberth, Einführung in die theologische Anthropologie, Darmstadt 2006, 117.

11 Vgl. K.E. Nipkow, Menschen mit Bchinderung nicht ausgrenzen? Zur theologischen Begründung und pädagogischen Verwirklichung einer „Inklusiven Pädagogik", in A. Pithan / W. Schweiker (Hg.), Evangelische Bildungsverantwortung: Inklusion. Ein Lesebuch, Münster 2011, 89-98, 91.

12 Vgl. hierzu auch F. Schweitzer, Menschenwürde und Bildung. Religiöse Voraussetzungen der Pädagogik in evangelischer Perspektive, Zürich 2011.

chen und damit auch die besonderen Bedürfnisse, die Menschen mit Behinderungen haben, aus dem Blick zu verlieren: „Wenn Behinderung durch Begriffsentsorgung unsichtbar gemacht wird, bleiben behinderte Kinder mit ihren speziellen Bedürfnissen auf der Strecke."[13] Man wird auch in theologischer Perspektive fragen müssen, ob eine solche Sicht, die Behinderung lediglich als Teil der Schöpfungsvielfalt versteht, die konkreten Leiderfahrungen und Differenzerfahrungen von kranken oder behinderten Menschen ernst genug nimmt, Leiderfahrungen, die nicht *nur* aus dem Ausgegrenztsein kommen, sondern die mit Schmerzen und mit oftmals als schmerzlich erlebten Einschränkungen der eigenen Fähigkeiten und der eigenen Lebensqualität zu tun haben.

Aus der theologischen Diskussion scheint mir hier eine Interpretation der Gottebenbildlichkeit des Menschen weiterführend, die vor allem Wolfhart Pannenberg ausgearbeitet hat.[14] Danach ist die Gottebenbildlichkeit nicht so sehr als faktisch gegebene, sondern eher als ursprüngliche und noch faktisch einzulösende *Bestimmung* des Menschen zu begreifen. Die faktische Schöpfung, wie sie sich gegenwärtig darstellt, ist demnach nicht mehr die ursprüngliche nur gute Schöpfung Gottes, sondern sie ist eine von Gott *entfremdete* Schöpfung, die Gott durch sein Heilswirken erst wieder zu ihrer ursprünglichen Bestimmung zurückführen wird. Traditionell wird diese Gebrochenheit oder Entfremdung der Schöpfung mit dem Begriff „Sünde" in Verbindung gebracht, wobei dieser dann eben nicht nur moralisch aufgefasst werden darf und auch nicht nur auf den Menschen bezogen ist. Die Gebrochenheit der Schöpfung – traditionell: die „gefallene Schöpfung" – betrifft auch die Natur. Die biblischen Schöpfungstexte erzählen z.B. davon, dass sich alle Tiere ursprünglich vegetarisch ernähren (Gen. 1, 30: „Aber allen Tieren auf Erden und allen Vögeln unter dem Himmel und allem Gewürm, das auf Erden lebt, habe ich alles grüne Kraut zur Nahrung gegeben."), und im alttestamentlichen Buch Jesaja entwickelt der Prophet eine Vision davon, dass im Eschaton, im endzeitlichen Reich Gottes, das ewige Fressen und Gefressenwerden in der Natur ein Ende haben wird: „Dann wohnt der Wolf beim Lamm, der Panther liegt beim Böcklein. Kalb und Löwe weiden zusammen, ein kleiner Knabe kann sie hüten. Kuh und Bärin freunden sich an, ihre Jungen liegen beieinander. Der Löwe frisst Stroh wie das Rind. Der Säugling spielt vor dem Schlupfloch der Natter, das Kind steckt seine Hand in die Höhle der Schlange." (Jes. 11, 1ff.)

Auch das Leid von Menschen wie Tieren wird dann überwunden werden und mit ihm alle Arten von Behinderung: „Dann öffnen sich die Augen der Blinden und tun sich die Ohren der Tauben auf. Dann springt der Lahme wie ein Hirsch, und die

13 B. Ahrbeck, „Behinderung gibt es nicht", in: Forschung & Lehre 18 (2011), H. 10/11, 745. Vgl. auch B. Ahrbeck, Der Umgang mit Behinderung, Stuttgart 2011.
14 Vgl. W. Pannenberg, Gottebenbildlichkeit als Bestimmung des Menschen in der neueren Theologiegeschichte, München 1979.

Zunge der Stummen jubelt." (Jes. 35, 5). Ganz auf dieser Linie hat Jesus dem Ge-
lähmten nicht nur die Sünden vergeben und ihn wieder in die Gemeinschaft integriert, sondern er hat ihn auch geheilt und solche Heilungen als Zeichen der anbre-
chenden Gottesherrschaft gedeutet: „Die Blinden sehen und die Lahmen gehen, die
Aussätzigen werden rein und die Tauben hören, die Toten stehen auf und den Armen wird das Evangelium gepredigt wird" (Mth. 11, 5).

Die Schöpfungserzählungen sind in dieser Perspektive also nicht lediglich als
Dokumentationen des Schöpfungshandelns Gottes zu verstehen, sondern gleichsam
als rückwärtsgerichtete Prophetie, die etwas über die ursprüngliche Bestimmung
der Schöpfung und des Menschen aussagt, deren Verwirklichung für das Eschaton
erhofft werden darf. Die Aussage, dass der Mensch, und zwar jeder Mensch, eine
gute Schöpfung Gottes ist und als sein Ebenbild eine unverlierbare Würde hat ist
also vor allem als eine normative Aussage über die Bestimmung des Menschen zu
verstehen und als solche unbedingt festzuhalten. Aber gleichzeitig ist aus der Sicht
des christlichen Glaubens davon zu reden, dass der Mensch faktisch in einer Gebrochenheit dieser Schöpfung lebt, die erst im Eschaton endgültig überwunden
wird.

3.2   Der Mensch als fragmentarisches Geschöpf

Mir scheint, wir neigen in Bildungskontexten, häufig dazu, die Gleichheit aller
Menschen vor allem oder ausschließlich vom Schöpfungsgedanken und der Gottebenbildlichkeit des Menschen her zu begründen, also sozusagen eine Gleichheit
durch Ausgleichung von Differenz „nach oben", wie Karl Ernst Nipkow das genannt hat.[15] Es gibt aber in der christlichen Tradition auch den Gedanken der
Gleichheit durch eine Ausgleichung der Differenz „nach unten". Diese zweite Pointe des christlichen Verständnisses vom Menschen scheint mir in unserem Zusammenhang mindestens ebenso wichtig zu sein. Es ist die eben bereits angeklungene
Aussage, dass der Mensch ein unvollkommenes, von Gott unterschiedenes, von
ihm entfremdetes und durch eine charakteristische Gebrochenheit gekennzeichnetes
fragmentarisches Geschöpf ist. Auch dies gilt für alle Menschen gleichermaßen.
Wir alle sind, manche mehr, manche weniger, durch Unvollkommenheiten, Ge-
brechlichkeiten und Einschränkungen gekennzeichnet, und wir leiden auch an ihnen, manchmal mehr, manchmal weniger.

---

15 K.E. Nipkow, Menschen mit Behinderung nicht ausgrenzen? Zur theologischen Begründung
    und pädagogischen Verwirklichung einer „Inklusiven Pädagogik", in A. Pithan / W. Schwei-
    ker (Hg.), Evangelische Bildungsverantwortung: Inklusion. Ein Lesebuch, Münster 2011, 89-
    98, 90.

Die Dankbarkeit dafür, dass Gott mich geschaffen hat, beinhaltet immer auch eine Dankbarkeit *trotz* der Fehler, Schwächen und Unzulänglichkeiten, die ich an mir wahrnehme und die mir manchmal zu schaffen machen. Die aus dem Glauben kommende Haltung der Dankbarkeit bezieht sich zwar durchaus positiv auf die Gaben und Begabungen, die ich habe, aber sie ist eben vor allem eine Folge der Perspektive und der Einstellung. Es gibt gesunde, reiche, sportlich-fitte und ausgesprochen schöne Menschen, die ausgesprochen unzufrieden und undankbar sind. Und christliche Dankbarkeit gewinnt da ihre Tiefendimension, wo sie auch in Krankheit und Leid möglich wird.

Kaum jemand hat diesen Gedanken der Gebrochenheit menschlicher Existenz so stark betont wie der viel zu früh verstorbene Praktische Theologe Henning Luther. Weder der Glaube noch die Bildung können dem Menschen zum Ganzsein verhelfen, betont Luther, vielmehr sind, „die Momente des Nicht-ganz-Seins, des Unvollständig-Bleibens, des Abgebrochenen – kurz: Momente des Fragments" zu akzeptieren.[16] In diesem Sinn hat auch der selbst köperbehinderte Theologe Ulrich Bach zu Recht immer wieder betont, dass das Defizitäre „mit in die Definition des Humanum" gehört: „Es ist völlig normal, Defizite zu haben."[17]

Eine solche Sicht des Menschen, welche die Fragmentarität und Fragilität des Menschseins ernst nimmt, geht gegen den Strich einer Gesellschaft, die sich tendenziell der Vervollkommnung des Menschen bis hin zur Hochkonjunktur von Schönheitsoperationen verschrieben hat. Eine solche Sicht des Menschen wendet sich auch gegen ein Bildungsverständnis, das nach wie vor verbreitet ist und das vor allem auf Wilhelm von Humboldt zurückgeht, der bekanntlich als Bildungsziel des Menschen „die höchste und proportionirlichste Bildung seiner Kräfte zu einem Ganzen" propagiert hat.[18] Eine harmonische, ganzheitlich und allseitig gebildete Persönlichkeit sollte der Mensch nach Humboldts Vorstellung werden, oder modern gesprochen: eine vollständige Identität. Dem stellt Henning Luther ein theologisch begründetes Identitätsverständnis entgegen, das uns davor bewahren soll, „die prinzipielle Fragmentarität von Ich-Identität zu leugnen oder zu verdrängen." Ein Ziel des Glaubens und der Bildung gleichermaßen könnte dann sein: „als Fragment

---

16 H. Luther, Religion und Alltag. Bausteine zu einer praktischen Theologie des Subjekts, Stuttart 1992, 159.

17 Zit. nach V. Herrmann, Theologie der Diakonie in der zweiten Hälfte des 20. Jahrhunderts. Konzeptionen – Kontroversen – Konstitutiva, in: Ders / M. Horstmann (Hg.), Studienbuch Diakonik, Bd. 1: Biblische historische und theologische Zugänge zur Diakonie, Neukirchen-Vluyn 2006, 268.

18 W. von Humboldt (1792/1851), Ideen zu einem Versuch, die Gränzen der Wirksamkeit des Staates zu bestimmen (eingeleitet von Eduard Cauer), Breslau [als Google-Ebook unter: http://books.google.com/books?id=ealLesJp5xYC] 9.

zu leben und leben zu können"[19], also die Bruchstückhaftigkeit unseres Menschseins zu akzeptieren.

Es ist m.E. hilfreich, den Gedanken der Fragmentarität des Menschen zu ergänzen um den seiner *Fragilität*. Gerade in der Begegnung mit behinderten Menschen kann einem die Kontingenz des Lebens und die Zerbrechlichkeit der eigenen Gesundheit bewusst werden. Es entsteht die Erkenntnis: Solches oder ähnliches Leid könnte auch *mich* treffen. Diese Konfrontation mit der eigenen Fragilität dürfte ein Grund sein, warum manche den Kontakt mit behinderten Menschen scheuen. Aber auch diese Fragilität unseres Daseins gehört zum Menschsein dazu und verweist in christlicher Perspektive auf das Vertrauen gegenüber Gott, der das zerbrechliche menschliche Leben ermöglicht, trägt und begleitet. Ein Ziel wiederum des Glaubens und der Bildung gleichermaßen könnte sein, die Fragilität des eigenen Daseins vertrauensvoll akzeptieren und damit leben zu können.

Ein solches Menschen- und Bildungsverständnis kann entlasten und dazu ermutigen, gelassener mit den Brüchen und Beschwernissen des eigenen Lebens umzugehen und sie auch konstruktiv als Lern- und Entwicklungschancen zu verstehen. Ein solches Menschen- und Bildungsverständnis kann auch die Grundlage dafür bilden, alle Menschen – egal ob mit kleineren oder größeren Behinderungen – als gleichermaßen fragmentarische und fragile und gerade so zu bejahende und wertzuschätzende Persönlichkeiten zu sehen, so wie es der Inklusionsgedanke anstrebt. Und dies, ohne dabei die je besonderen Einschränkungs-, Differenz- und Leiderfahrungen des Einzelnen zu nivellieren, sondern sie im Gegenteil ernst zu nehmen. Das wird dadurch ermöglicht oder zumindest erleichtert, dass dieses Verständnis vom Menschen als gebrochenem, fragmentarischem Wesen gleichsam eingerahmt wird von dem unbedingten Ja Gottes zum Menschen als sein ebenbildliches Geschöpf und von der Verheißung der endzeitlichen Überwindung dieser Gebrochenheit im Reich Gottes. In diesem Spannungsfeld können und sollen Menschen dankbar und fröhlich ihre Gaben und Begabungen entfalten; in diesem Spannungsfeld ist aber auch Platz dafür, Erfahrungen der Beschränkung und des Leidens zur Sprache zu bringen und nicht zu verdrängen.

Dieses Nichtverdrängen von Leid- und Gebrochenheitserfahrungen kann auch durch die Glaubenshoffnung und -erfahrung unterstützt werden, dass der Gott, der in Christus am Kreuz selbst in die Tiefen menschlichen Leidens, der Exklusion und menschlichen Behinderung herabgestiegen ist, Menschen begleitet, tröstet und ermutigt. Der Apostel Paulus schreibt selbst im 2. Korintherbrief von einem Leiden, wörtlich von einem „Pfahl im Fleisch", den er wiederholt Gott geklagt hat: „Dafür habe ich dreimal zum Herrn gefleht, dass er von mir wiche. Und er hat zu mir ge-

---

19 H. Luther, Religion und Alltag. a.a.O., 172.

sagt: Lass dir an meiner Gnade genügen; denn meine Kraft ist in den Schwachen mächtig." (2. Kor 12, 9).

Zu diesem theologischen Horizont gehört aber noch ein weiterer wichtiger Aspekt:

3.3   Der Mensch als ergänzungsbedürftiges und -fähiges Geschöpf

Mit der Auffassung vom Menschen als Fragment verbindet sich nämlich nicht nur eine zeitliche Perspektive, also die Hoffnung, dass unsere Fragmenthaftigkeit und Gebrochenheit einmal überwunden wird, sondern auch eine *soziale Perspektive.* Der Mensch ist Fragment, das heißt auch: Er ist ergänzungsbedürftig und ergänzungsfähig im Rahmen einer solidarischen Gemeinschaft. Auch diesen Gedanken kann man schöpfungstheologisch begründen, indem man etwa darauf verweist, dass in der biblischen Überlieferung Mann und Frau als einander ergänzend von Gott geschaffen wurden.

Noch deutlicher wird der Gedanke der wechselseitigen Ergänzung in solidarischer Gemeinschaft aber in der Gemeindetheologie des Paulus und des ersten Petrusbriefs.

Es ist ja charakteristisch für die ersten christlichen Gemeinden, dass dort alle Menschen willkommen waren, unabhängig von ihrer religiösen Herkunft, ihrem sozialen Stand, ihrer Volkszugehörigkeit, ihrem Geschlecht, ihrer Intelligenz, ihren Begabungen oder ihrem Gesundheitszustand. Beide, Paulus und der Schreiber des ersten Petrusbriefes betonen, dass jede/r in der Gemeinde ihre oder seine je besonderen Gaben hat und alle sich einander ergänzen können. Paulus gebraucht dazu das einprägsame Bild des Leibes, an dem die unterschiedlichsten Glieder ihre Aufgaben haben und unentbehrlich sind: „Denn wir sind durch einen Geist alle zu einem Leib getauft, wir seien Juden oder Griechen, Sklaven oder Freie ... Das Auge kann nicht sagen zu der Hand: Ich brauche dich nicht; oder auch das Haupt zu den Füßen: Ich brauche euch nicht. Vielmehr sind die Glieder des Leibes, die uns die schwächsten zu sein scheinen, die nötigsten [...]" (1. Kor 12, 13. 21f.). Alle Glieder der Gemeinde sollen zusammenwirken zum Aufbau der Gemeinde.

Humboldts Bildungsziel war ein individualistisches: Es zielte auf die harmonische Bildung des einzelnen; das ist auch häufig nach wie vor der Hauptakzent heutiger Vorstellungen von Bildung: sie gilt dem *einzelnen* und soll das einzelne Kind in seiner ‚ganzheitlichen‘ Entwicklung weiterbringen.

Die Vorstellung des Paulus im ersten Korintherbrief bringt einen anderen Akzent zur Geltung: Das Ziel der Ganzheitlichkeit oder Vollkommenheit bezieht sich hier auf die Gemeinde; Bildung ist hier vor allem Gemeindebildung. Das individuelle Ideal ist demzufolge nicht die autonome, selbstgenügsame, von anderen unabhängige Allround-Persönlichkeit, sondern die Persönlichkeit, *die sich selbst über-*

schreitend ihre Begabungen für andere einsetzt und sich selbst begrenzend sich in den eigenen Schwachstellen die Ergänzung durch andere gefallen lässt. Die Fähigkeit zur *Selbstüberschreitung*, zum Engagement für andere, und die Fähigkeit zur *Selbstbegrenzung*, zum Akzeptieren der eigenen Grenzen und Sich-zurücknehmen-können machen nach dieser christlichen Sicht einen gebildeten Menschen aus. Und in dieser Sicht können dann sogar Schwächen und Defizite als Chance gesehen werden, zur Entwicklung der Begabungen anderer und zum sozialen Zusammenhalt der Gemeinschaft beizutragen.

Unter einem solchen Blickwinkel wird dann sogar der sozialdiakonische Dienst am anderen nicht als moralische Guttat des Begabten gegenüber dem Bedürftigen gesehen, sondern als solidarisches Handeln im Bewusstsein des eigenen Angewiesenseins auf andere. Noch einmal Ulrich Bach: „Unsere Taten vollziehen sich also nicht in der Struktur des ‚Für‘ (der eine tut etwas für den anderen; der eine ist ständig Gebender, der andere immer nur der Empfangende; der eine ist Subjekt, der andere Objekt), sondern in der Struktur des ‚Mit‘ (wir tun etwas miteinander; jeder von uns ist Gebender und Nehmender zugleich; alle bringen sich positiv ein in die Gemeinschaft).“[20]

Und noch etwas wird deutlich: Die Selbsterfahrung als Fragment setzt das Wissen oder zumindest eine Ahnung von Ganzheit voraus; nur wenn ich die Vision einer Vase im Kopf habe, weiß ich, dass ein Bruchstück davon nicht das Ganze ist. Eine *Vision (oder zumindest eine Ahnung) von der Ganzheit des Menschen* kann nach den vorgetragenen Überlegungen nur in der Gemeinschaft entstehen: Erst in der Gemeinschaft mit anderen Menschen wird mir bewusst, dass alle Menschen unterschiedlich sind, dass alle ihre Stärken und Defizite haben; das geschieht im unvermeidlichen Vergleichen, aber vor allem auch im kooperativen, einander ergänzenden Zusammenwirken.

Natürlich kann es in der Konsequenz dieser Überlegungen nicht darum gehen, die individuelle Förderung und Bildung des Einzelnen der Gemeinschaftsbildung zu opfern – eine solche ideologische Verbrämung des Kollektivs hat sowohl die nationalsozialistische als auch die sozialistische Erziehungsidee gekennzeichnet, mit verheerenden Folgen. Aus theologischer Sicht ist demgegenüber festzuhalten: Auch der Gemeinschaftsgedanke steht unter dem eschatologischen Vorbehalt: die vollkommene Gemeinschaft wird es erst im Reich Gottes geben. Außerdem ist zu beachten, dass der Paulus-Text von einer christlichen Gemeinde spricht und nicht ohne weiteres eins zu eins in den Kontext der allgemeinen Gesellschaft übertragbar ist, sondern eine eigens reflektierte ‚Übersetzung‘ erfordert.[21]

---

20 Zit. nach V. Herrmann, a.a.O. (Anm 18), 269.
21 Karl Barths bekanntes sozialethisches Modell der „Königsherrschaft Jesu Christi" markiert die Grenzen der „Christengemeinde" zu beiden Bereichen hin, zum Reich Gottes (von ihm her lässt sich die Christengemeinde leiten, wohl wissend, dass sie sich ihm nur gleichnishaft-

Dennoch ist m.E. gerade aus christlich-theologischer Perspektive die Frage neu zu stellen, wie in Bildungskonzepten eine angemessene Balance zwischen Individuum und Gemeinschaft gefunden werden kann. Der christliche Gedanke des fragmentarischen, ergänzungsbedürftigen und ergänzungsfähigen Menschen kann dazu wichtige Anstöße geben und auch ein hilfreiches Licht auf die Inklusionsthematik werfen. Wie in meinem Beispiel am Anfang kann die Begegnung mit sogenannten behinderten Menschen vielleicht so manchen Vollkommenheitswahn sogenannter Nichtbehinderter als Behinderung eigener Art bewusst machen, und die ansteckende Lebensfreude vieler geistig Behinderter kann möglicherweise manchen sogenannten Nichtbehinderten helfen zu erkennen, was im Leben wirklich wichtig ist. Schulen in christlicher Trägerschaft wie insbesondere die evangelischen, katholischen und die CJD-Schulen haben von jeher, gerade aus ihrem christlichen Profil heraus, solche Lernerfahrungen in Projekten des diakonischen Lernens und durch die Integration von Menschen mit ganz unterschiedlichen Defiziten und Problemen ermöglicht. Sie sind in diesem Bereich vielfach zu Vorreitern und Impulsgebern geworden und sollten diese Vorreiterrolle weiter ausbauen und sie auch im Bereich der inklusiven Bildung verstärkt übernehmen. Dazu noch einige kurze abschließenden Überlegungen.

4   Zur Umsetzung von Inklusion

Wie schon zu Beginn angemerkt, lässt sich die UN-Behindertenrechtskonvention und ihre Forderung nach einer inklusiven Bildung als eine große Chance wahrnehmen. Es ist die Chance, dass unsere Schulen und unsere Gesellschaft humaner werden, wenn sie die Schwachen, Beeinträchtigten und weniger Leistungsfähigen nicht länger an Sonderorten ausgrenzen und wenn die vieldimensionale Heterogenität der Menschen nicht länger als Problem, sondern als Potenzial gesehen wird. Dazu ist allerdings auch eine breite Bereitschaft notwendig, die eigenen Idealbilder vom

---

analog annähern kann) und zur „Bürgergemeinde" (für sie will die Christengemeinde Gleichnis sein, also in Richtung analoger Orientierungen wirken, ohne die unterschiedlichen Rahmenbedingungen und Rationalitäten der beiden Bereiche zu ignorieren oder zu nivellieren). Vgl. dazu nach wie vor lesenswert: H. Zahrt, Die Sache mit Gott. Die protestantische Theologie im 20. Jahrhundert, München[8] 1988, 192-202. Zur Bedeutung von Übersetzungsprozessen im theologisch-sozialethischen Bereich vgl. v.a. U. H. J. Körtner, Leib und Leben. Bioethische Erkundungen zur Leibhaftigkeit des Menschen, Göttingen 2010, 22ff.; zu analogen Übersetzungsprozessen im Bildungsbereich vgl. M. Pirner, Freedom of religion and belief in religious schools? Towards a multi-perspective theory, in: R. Freathy / St. Parker (Hg.), Religious Education and Freedom of Religion and Belief, Frankfurt / London / New York 2012 (im Druck).

Menschen, von unserer Gesellschaft, von Bildung und von Schule zu verändern. Christliche Perspektiven können hier wegweisend sein.

Trotzdem sollten wir uns m.E. davor hüten, die Forderung nach inklusiver Bildung zu einer Ideologie zu machen. Zum einen ist zu unterscheiden zwischen dem Ziel und dem Weg. Dass eine inklusive Gesellschaft unser Ziel sein muss, wird kaum jemand bestreiten. Die Auffassung, dass eine inklusive Schule der beste Weg dahin ist, hat sich – wenn ich recht sehe – erst in den letzten zehn bis zwanzig Jahren als Konsens der empirischen Forschung und Ergebnis entsprechender Modellversuche durchgesetzt. Ob das wirklich für alle Kinder und Jugendlichen mit allen möglichen Einschränkungen zutrifft, bleibt zu prüfen. Welche Arten von Differenzierung und welche Arten von Gemeinsamkeit sinnvoll sind, muss sich am obersten Kriterium des Wohles und der besten Förderung aller Betroffenen orientieren.

Vor allem ist zu fragen, unter welchen *Bedingungen* und mit welchen *Konzepten* Inklusion umgesetzt werden kann und soll. Wenn es im offiziellen Dokument zur Ratifizierung der UN-Behindertenrechtskonvention durch den Deutschen Bundestag heißt, dass die Umstellung auf eine inklusive Bildung kostenneutral zu haben sei,[22] dann grenzt das m.E. an Verantwortungslosigkeit und lässt nichts Gutes ahnen. Und wer meint, schnell mal die bisherigen Sonderschüler in die strukturell gleich bleibenden Normalschulen integrieren zu können, kann viel Schaden anrichten. Es wäre *auch* eine wichtige Aufgabe von christlich orientierten Bildungsträgern, auf der Basis ihrer reichen Erfahrungen mit integrativer und diakonischer Bildung öffentlich deutlich zu machen, welche gesellschafts- und bildungspolitischen sowie konkreten schulorganisatorischen und -pädagogischen Rahmenbedingungen es braucht, damit inklusive Schulen gelingen können, damit inklusive Bildung wirklich einen Beitrag zu einer menschlicheren Gesellschaft leisten kann.

---

22 Druckvorlage 16/10808. Vgl. I. Beck / S. Degenhardt, Inklusion. Hinweise zur Verortung des Begriffs im Rahmen der internationalen politischen und sozialwissenschaftlichen Debatte um Menschenrechte, Bildungschancen und soziale Ungleichheit, in: J. Schwohl / T. Sturm (Hg.), Inklusion als Herausforderung schulischer Entwicklung. Widersprüche und Perspektiven eines erziehungswissenschaftlichen Diskurses, Bielefeld 2010, 55-82.

Offen und strukturiert unterrichten – ein Widerspruch?

Olga Graumann

Stellen wir uns folgende Situation vor: Der Vorsitzende eines Landeselternrates möchte sich über Offenen Unterricht informieren. Er selbst hält mehr von gut strukturiertem Unterricht, in dem der Lehrer „die Klasse im Griff" hat. Beim Besuch des Unterrichts eines dritten Schuljahres von Frau A. und Herrn B., nimmt er auf den ersten Blick wahr, dass Frau A. an ihrem Pult sitzt, welches an einer Seitenwand des Klassenraumes steht und dass alle Kinder beschäftigt wirken. An den Wänden sieht er viele Regale mit Lehr-Lernmaterialien. Beim ersten Blick in den Unterricht von Herrn B. fällt dem Vorsitzenden auf, dass dieser vor der Klasse stehend spricht und dass die Köpfe der Kinder ihm zugewandt sind. Auch hier gibt es Regale mit Lehr-Lernmaterialien. Definieren wir Offenen Unterricht als einen Unterricht, der nicht auf einen bestimmten Ablauf festgelegt ist und in dem die Schülerinnen und Schüler veranlasst werden, selbstständig Aufgaben zu erledigen, könnte der Vorsitzende zu der Annahme gelangen, dass Frau A. nach der Konzeption des Offenen Unterrichts arbeitet, Herr B. dagegen den sogenannten „Frontalunterricht" präferiert, dem mehr Strukturierung des Unterrichtsgeschehens nachgesagt wird als der Konzeption des Offenen Unterrichts.

Selbstverständlich wird (oder sollte) niemand solche Festlegungen ausschließlich nach der Erscheinungsebene treffen, dennoch sind es oft die äußeren Eindrücke, die uns veranlassen, Zuschreibungen vorzunehmen, ohne diese einer differenzierten Prüfung zu unterwerfen. Um zu erkennen, was im Unterricht tatsächlich geschieht, muss man ihn langfristig beobachten und erforschen. Auch das führt nicht zwangsläufig zu einer eindeutigen Antwort, denn die Frage, wie lernen Schüler am Besten: in einem sogenannten „Lehrerzentrierten Unterricht" oder in einem „Offenen Unterricht"? kann bis heute nicht befriedigend beantwortet werden – es ist zu bezweifeln, ob diese Frage überhaupt gestellt und beantwortet werden kann und soll. Bis heute hat sich wenig daran geändert, dass bezüglich des Offenen Unterrichts kein eindeutiges Theorieverständnis vorliegt,[1] dass Lehrkräfte unterschiedliche Kriterien

---

1 Vgl. E. Jürgens, Offener Unterricht im Spiegel empirischer Forschung, in: Oldenburger Beiträge Nr. 265/95, Oldenburg, Zentrum für pädagogische Berufspraxis, 1995.

für die mehr oder minder offene Gestaltung ihres Unterrichts für sich definieren und dass die Umsetzung Offenen Unterrichts weit hinter den eigenen Ansprüchen zurückbleibt.[2]
Auch wenn man schon bei J. A. Comenius im 17. Jhd., bei J. Rousseau im 18. Jhd., bei J.H. Pestalozzi im Übergang vom 18. ins 19. Jhd. und bei J. F. Herbart im 19. Jhd. auf die Forderung nach individueller Wahrnehmung der Fähigkeiten jedes einzelnen Schülers stößt, so sind Konzeptionen von Öffnung des Unterrichts auch noch in der Zeit der Reformpädagogik im Übergang zum 20. Jhd. auf „pädagogisch-didaktische Spielwiesen" in Form von einzelnen Reformschulen beschränkt und werden erst Ende der 1960er Jahren in der pädagogischen Diskussion zu neuem Leben erweckt.

Die Dimensionen der Öffnung werden seither in der pädagogischen Diskussion unterschiedlich bestimmt. Ausgehend von einer methodischen Offenheit werden in den Grundschulen und teilweise auch in Sekundarstufen der Tages- und Wochenplan in Anlehnung an Peter Petersen eingesetzt. Offenheit bezüglich Inhalt und Ziel findet sich in den Schulen, die nach den pädagogischen Prinzipien Maria Montessoris lehren, Öffnung des Klassenzimmers nach draußen praktizieren Schulen, die nach den Prinzipien John Deweys unterrichten wie z.B. die Laborschule in Bielefeld – um hier nur einige wenige Konzeptionen anzudeuten. Innovative und reformfreudige Lehrkräfte in den Regelschulen bedienen sich heute verschiedener Konzeptionen und gestalten ihren Unterricht individuell, soweit sich das mit den vom Staat vorgegebenen Standards und dem jeweiligen Schulprofil vereinbaren lässt.

Trotz unterschiedlicher Ausrichtung, ist jedoch allen Konzepten der Öffnung des Unterrichts gemeinsam,

– das Ziel, zum Aufbau einer neuen und besseren Gesellschaft durch Erziehung und Bildung beizutragen, sowie
– innerhalb der sozialen Gemeinschaft einer Schulklasse die Individualität, Aktivität, Selbständigkeit und Kreativität eines jeden Kindes zu fördern.

Auch wenn wir heute nicht mehr glauben, dass wir mit unseren schulischen Methoden die Welt verbessern und verändern können, wie es insbesondere John Dewey in Bezug auf Demokratisierung und Maria Montessori in Bezug auf Achtung vor der individuellen Persönlichkeit des Kindes zu ihrer Zeit noch glaubten, hat Schule doch nach wie vor einen wichtigen gesellschaftlichen Auftrag: Schule soll die Schüler auf ein verantwortungsbewusstes, selbsttätiges und erfolgreiches Leben in

---

2   Vgl. H. Brügelmann, Wie verbreitet ist offener Unterricht?, in: O. Jaumann-Graumann, / W. Köhnlein, (Hrsg.), Lehrerprofessionalität-Lehrerprofessionalisierung, Bad Heilbrunn / Obb. 2000, 133-144; Th. Bohl, Prüfen und Bewerten im offenen Unterricht, Neuwied 2001; F. Peschel, Offener Unterricht in der Evaluation, Band I und II, Hohengehren [2]2006.

der zukünftigen demokratischen Gesellschaft vorbereiten und ihm die Entfaltung seiner individuellen Entwicklung ermöglichen.

Richtet man den Blick auf diese eben genannten Aspekte (und nicht in erster Linie auf die Aspekte organisatorischer, methodischer und/oder inhaltlicher Öffnung), dann stellt sich nicht mehr die Frage, ob in einem „offenen" oder „geschlossenen" Unterricht besser gelernt wird und ob offen und strukturiert unterrichten ein Widerspruch ist. Aus dieser Sicht stellt sich nur noch die Frage, ob im Unterricht erkannt wird, was ein Kind zu welcher Zeit braucht, um sich entwickeln zu können: mehr Offenheit oder mehr Struktur.

An einem Beispiel soll dieser Gedanke veranschaulicht werden:

Simon besucht das 3. Schuljahr einer Grundschule. Er kommt aus einer kinderreichen Familie, die äußerst beengt in einem Hochhaus wohnt. Der Vater macht Schichtarbeit, die Mutter putzt nach Dienstschluss in einem Geschäft. Die Kinder sind sich in der Regel selbst überlassen. Simon ist ein zwar aufgewecktes, aber auch unruhiges Kind. Selten widmet er seine Aufmerksamkeit einer Sache über einen längeren Zeitraum. Seine schulischen Leistungen liegen in Deutsch und Rechnen weit unter dem Durchschnitt. An Sachthemen und am Basteln zeigt er jedoch großes Interesse. Er hat in der Klasse keine Freunde.

Jonas wohnt in einem Einfamilienhaus. Er hat noch eine etwas ältere Schwester. Jonas Vater ist Facharbeiter in der Elektrobranche, seine Mutter arbeitet stundenweise in einem Büro. In dieser Zeit werden die Kinder von den Großeltern versorgt. Jonas konnte vor Schulbeginn lesen, bis 1000 zählen und im 20er Raum rechnen. Er besitzt einen eigenen PC und eine eigene Werkecke im Keller. Jonas schulische Leistungen sind nicht immer so gut, wie sie aufgrund seiner Fähigkeiten sein könnten. Er arbeitet jedoch in der Regel im Unterricht interessiert mit.

Die Klasse versammelt sich nach den Weihnachtsferien im Morgenkreis. Die Kinder werden aufgefordert, von ihren Ferienerlebnissen zu erzählen. Viele Kinder berichten von ihren Geschenken und vom Skiurlaub. Bei Simon gab es am Hl. Abend einen entsetzlichen Familienkrach und im Skiurlaub war er auch nicht. Er kann zu diesem Gespräch nichts beitragen, ist aber in Gedanken bei seinen persönlichen Problemen, die ihn bedrücken. Jonas dagegen hört anfangs aufmerksam zu, dann jedoch schweifen seine Gedanken ab, bis er die Chance hat, selbst eine lustige Geschichte aus dem Skiurlaub erzählen zu können. Nun werden die Kinder mit dem Wochenplan bekannt gemacht. Im Rechnen sind Wiederholungsaufgaben gefordert, in Deutsch steht ein Aufsatz zu dem schönsten Ferienerlebnis auf dem Plan. Für das Thema Stromkreis liegen in der Experimentierecke Materialien bereit, mit denen nach Anleitung gebaut werden kann.

Was heißt das nun für Simon? Die Rechenaufgaben hat er noch nicht ausreichend verstanden, also wird er auch die geforderten Aufgaben ohne Hilfe nicht lösen können. Zu den Aufsatzthemen hat er nichts zu sagen, über seine Familienprobleme kann er nicht schreiben. Ohnehin fällt ihm das Schreiben schwer. Das Material in der Experimentierecke, um einen Stromkreis zu bauen, reizt ihn sehr, aber die Anleitungen kann er nicht allein lesen und verstehen. Simon beachtet daher die Rechen- und Deutschaufgabe nicht und geht trotz seiner Bedenken in die Experimentierecke. Dort haben sich schon zwei miteinander befreundete Jungen eingefunden, die nicht wollen, dass er sich an ihren Versuchen beteiligt. Simon geht daraufhin in die Leseecke, holt sich ein Buch und tut so, als würde er lesen. Mehrere Kinder, die ihre Arbeit beendet haben, setzen sich auch in die Leseecke, in der es nun sehr eng wird. Simon steht auf und geht an seinen Platz. Er beginnt in seinem Heft zu kritzeln.

Was tut Jonas? Jonas hat keine Lust, die Rechenaufgaben, die er längst beherrscht, zu bearbeiten. Experimente mit Elektrizität hat er mit seinem Vater zusammen bereits mehrfach gemacht, auch das ist nicht interessant. Bleibt nur der Aufsatz. Die Geschichte aus dem Skiurlaub hat er schon erzählt, weshalb sollte er sie also aufschreiben? Lustlos geht er in die Leseecke und stellt fest, dass er alle Bücher längst ausgelesen hat. Er setzt sich auf das Sofa und denkt über ein Computerspiel nach, das er zu Hause am Nachmittag spielen wird.

Der hier beschriebene Unterricht, der auf einer real beobachteten Unterrichtssituation beruht, ist auf der Erscheinungsebene nach Prinzipien des Offenen Unterrichts konzipiert. In der Klasse stehen eine Leseecke mit Sitzmöglichkeiten und eine Experimentierecke sowie Regale mit zahlreichen Materialien zur Verfügung. Die Aufgaben des Wochenplans können die Kinder zu individuell gewählten Zeitpunkten erledigen. Wenn sie es nicht in der Schulzeit schaffen, können sie die Aufgaben zu Hause fertig machen.

Doch trotz der unterschiedliche Lernvoraussetzungen und Interessen konnten beide (!) Jungen aus der hier beschriebenen Unterrichtssituation keinen Lerngewinn ziehen.

Dafür gibt es mindestens zwei Gründe:

– Die Jungen wurden durch den Wochenplan und die offenen Lernangebote zwar aufgefordert, aktiv zu werden, bei der Planung der Aufgabenstellungen wurden jedoch ihre Fähigkeiten und Interessen in keiner Weise berücksichtigt.
– Sie wurden mit der Bearbeitung der gestellten Aufgaben allein gelassen.

Aus der Analyse dieser Fallanalyse lässt sich der Schluss ziehen:

Offener Unterricht läuft dann Gefahr zum bloßen Aktionismus oder Leerlauf zu werden, wenn nicht jeder einzelne Lernschritt und jede einzelne Aufgabe auf die individuellen Vorkenntnisse und Erfahrungen der Kinder zugeschnitten wird, bzw. wenn den Kindern nicht die Möglichkeit gegeben wird, auf der Basis ihrer derzeitigen Kenntnisse und Interessen die Lernschritte und Lernaufgaben so zu wählen, dass sie in ihrer Entwicklung voranschreiten können.

Kinder lernen immer und überall, keinesfalls nur in der Schule. Schule hat jedoch die Aufgabe, zu helfen, ihr bisheriges oft nur diffuses und unstrukturiertes Wissen und ihre Erfahrungen zu strukturieren und zu ordnen, um auf diesem Niveau wieder neue Erfahrungen machen zu können. Wird Unterricht dieser Aufgabe nicht gerecht, vergeuden und verschwenden die Kinder wertvolle Lernzeit – auf kognitiver wie auf sozialer Ebene.

Was hat Simon in diesem Offenen Unterricht gelernt? Er hat wieder erfahren, dass er nicht in der Lage ist, die geforderten Aufgaben zu bearbeiten, dass er in der Klasse keinen Freund hat, der mit ihm etwas gemeinsam macht, dass der Raum mit den vielen Kindern beengend und bedrückend für ihn ist wie in seiner Familie, in der er auch keinen Raum hat und dass er mit seinen häuslichen Problemen allein fertig werden muss. Er hat keines der Lernziele erreicht, die von der Lehrperson bei Erstellung des Wochenplans intendiert waren.

Was hat Jonas gelernt? Jonas hat zwei Stunden „irgendwie" herum gebracht, sich gelangweilt und sich auf den Nachmittag gefreut, an dem er sich wieder seinem Computerspiel widmen kann.

Forschungsergebnisse haben gezeigt, dass eine Öffnung des Unterrichts in Form von Wochenplan, Freiarbeit und Stationslernen eher nicht zu den gewünschten Ergebnissen führt, obgleich hier den Prämissen der Offenheit Rechnung getragen wird, indem die Kinder die Möglichkeit haben, sich mit einer von ihnen gewählten Thematik so lange zu befassen, wie es ihrem Entwicklungsstand entspricht und zwar zu einem Zeitpunkt, zu dem sie – im Sinne des Konstruktivismus – lernbereit sind. In der Realität ist es jedoch eher so, „dass sich das Primat der Planerfüllung im Laufe der Jahre in diversen Strategien und Routinen der Arbeitsorganisation festsetzt, die eine inhaltliche Befassung mit dem Unterrichtsgegenstand kaum noch erkennen lassen" schreiben Huf und Breidenstein.[3] Sie konnten beobachten, dass die Arbeitsabläufe vom Abgabetermin her strukturiert werden, dass geschaut wird, von welchen Mitschülern Lösungen schon übernommen werden können, indem die

---

3 Ch. Huf / G. Breidenstein, Schülerinnen und Schüler bei der Wochenplanarbeit. Beobachtungen zur Eigenlogik der „Planerfüllung", in: Pädagogik 4/09, 20-23, 23.

Kinder sie unter Nutzung zeitsparender „Tricks" voneinander abschreiben, um schnell etwas tun zu können, das ihnen mehr Spaß macht und sie haben erkannt, dass man „geschäftig" wirken muss, um den Eindruck zu erwecken, „etwas zu tun". Riemer stellt in seinem Forschungsprojekt fest, dass klassische Arbeitsblätter, wie man sie gerade im Wochenplan gehäuft einsetzt, von den Schülern negativ bewertet werden, da sie in der Planungsphase von den Lehrkräften überwiegend nicht reflektiert werden.[4]

Spricht das nun gegen eine Öffnung des Unterrichts? Nein – diese Forschungsergebnisse sprechen nur gegen eine falsch verstandene Öffnung.

- Offenheit bedeutet, dass die Lehrperson, die die Verantwortung für den Lernprozess eines Kindes trägt, sich dem Kind öffnet, indem sie erkennt, wann es an die Hand genommen und geführt werden muss und wann es in der Lage ist, seine Lernprozesse selbst zu strukturieren und zu steuern.
- Offenheit bedeutet, dass die Lehrperson weiß, welchen Inhalt sie für welche Schüler/innen zu welcher Zeit inhaltlich so aufbereiten muss, dass sich diese den Inhalt in selbsttätiger und „forschender Weise" aneignen können.

Die hohe Lehrkunst besteht im Halten der Balance zwischen Führen und Loslassen.

Jürgens stellt schon in den 1990er Jahren, nach der Durchsicht der bisherigen Unterrichtsforschungen zum Offenen Unterricht, fest: „Offene Lernsituationen können auf klar strukturierte aufgabenorientierte Lernarrangements nicht verzichten".[5] Dabei ist es notwendig, „die Balance zwischen strukturierter Offenheit und lehrgangsbezogener Geschlossenheit, zwischen Kontrolle und Spontaneität, zwischen Nähe und Distanz etc. zu finden". Auch Brügelmann betont die Verbindung von offen und strukturiert: „Öffnung des Unterrichts bedeutet nicht Verzicht auf Systematik. Diese Systematik ist aber weder kleinschrittig noch linear. Sie beschreibt einen Lernraum statt eines Lehrgangs".[6] Helmke stellt (u.a. aufgrund der SCHOLASTIK-Studie von 1998) fest, dass Klarheit und Strukturiertheit des Lernangebots zentrale Merkmale guten Unterrichts sind.[7]

---

4 M. Riemer, Handlungsaktive Lernumgebung. Eine Studie zum Lernmaterial einer neuen Lernumgebung, in: Pädagogik 7/09, 16-19.

5 E. Jürgens, Die ‚neue' Reformpädagogik und die Bewegung Offener Unterricht. Theorie, Praxis und Forschungslage, Sankt Augustin 1994, 65.

6 H. Brügelmann, Die Öffnung des Unterrichts muß radikaler gedacht, aber auch klarer strukturiert werden., in: H. Balhorn / H. Niemann, Sprachen werden Schrift, Lengwil a.B. 1997, 43-63.

7 A. Helmke, Unterrichtsqualität erfassen, bewerten, verbessern, Seelze-Velber 2003.

Wir können festhalten, dass Strukturierung einer richtig verstandenen Öffnung nicht widerspricht. Die Klarheit, die zunächst vom Lehrenden ausgeht, indem er die Aufgabenstellungen für die Schüler/innen transparent gestaltet und ihnen ermöglicht, zur „nächsten Zone ihrer Entwicklung"[8] fortzuschreiten, wird von den Schüler/innen aufgegriffen. Die Struktur, in der der Lehrende einen Inhalt aufbereitet, wird von den Schülern in das System vorhandenen Wissens übernommen und weiter ausgearbeitet (vgl. „Klarheit" auf der Stufe der Vertiefung und „System" auf der Stufe der Besinnung bei J.F. Herbart).

Wie hätte diese im Beispiel gezeigte Unterrichtsphase für Simon und Jonas auf eine Weise gestaltet werden können, dass sie zwar offen, aber dennoch so strukturiert ist, dass auf die individuellen Bedürfnisse der beiden Jungen eingegangen werden kann?

Die Kinder versammeln sich nach den Weihnachtsferien im Sitzkreis. Die Lehrerin fordert sie auf, von ihren Erlebnissen zu berichten. Sie merkt, dass sich Simon innerlich zurückzieht und nimmt sich vor, während der Wochenplanarbeit in der Sitzecke allein mit ihm zu sprechen. Sie stellt den Wochenplan vor, lässt sich von jedem Kind sagen, womit es beginnen möchte und greift ggf. korrigierend ein, indem sie eine andere Reihenfolge der Bearbeitung oder weitere Arbeitsaufgaben vorschlägt. Die Lehrerin weiß, dass Jonas mit seinem Vater schon häufiger einen Stromkreis gebaut hat und dass Simon die Anleitungen nicht selbstständig lesen kann. Sie macht daher Jonas den Vorschlag, mit Simon zusammen eine Wohnstube aus einem Schuhkarton zu bauen und mit einem Stromkreis zu versehen. Die beiden Jungen gehen motiviert in die Experimentierecke.

Zu einem späteren Zeitpunkt erklärt die Lehrerin Simon die Rechenaufgaben und spricht dabei auch mit ihm über das, was ihn bedrückt. Für Jonas hat sie ein neues Buch zum Lesen mitgebracht, das er lesen darf, wenn er die für sein Leistungsniveau passend ausgewählten Rechenaufgaben selbständig gelöst hat.

Auch Offener Unterricht erfordert eine Vorbereitung, die die Lernziele und Lerninhalte reflektiert und gesamtgesellschaftliche, soziokulturelle, institutionelle Bedingungen sowie die Interdependenz von Unterrichtszielen, Ausgangslage, Methoden, Medien und Erfolgskontrollen berücksichtigt. Ein Kind kann sich möglicherweise einem Lerninhalt erst öffnen, wenn ein Lehrender es ein Stück des Weges dorthin geführt und geleitet hat. Offener Unterricht sollte daher nicht auf der Erscheinungsebene am Ausmaß der Führung durch die Lehrperson gemessen werden, sondern daran, in welchem Maße die Kinder die Möglichkeit haben, sich geistig und sozial

---

8   Vgl. L. S. Wygotski, Denken und Sprechen, Frankfurt a.M. 1986.

zu entfalten. Selbstbestimmt lernen heißt nicht, ohne Erwachsene lernen.[9] Die Lehrenden können sich im Offenen Unterricht weniger denn je aus der persönlichen Verantwortung stehlen. Sie müssen sich in einem weit höheren Maße als beim traditionellen Frontalunterricht mit ihrer Persönlichkeit sowie ihrer Diagnosekompetenz einbringen und sich den Kindern zur Verfügung stellen.

Ich möchte zum Abschluss den Offenen Unterricht definieren als einen Unterricht, der nicht in erster Linie offen ist in Bezug auf Ziele, Inhalte und Lehr-, Lernmittel, sondern offen ist gegenüber dem Kind. Wenn ich das eine Kind an die Hand nehme und es ein Stück seines Weges leite und begleite, weil es sich allein nicht weiterentwickelt und wenn ich das andere Kind frei laufen lasse, weil ich weiß, dass es mich nicht braucht, dann ist mein Unterricht offen *und* strukturiert.

---

9   O. Graumann, Fordern und Fördern: „Problemkinder" in der Grundschule, Baltmannsweiler 2004.

Aufwachsen in Beziehungen
Zur Qualität evangelischer Schul-Bildung in theologischer und religionspädagogischer Perspektive

Thomas Schlag

1   Einleitung

Es scheint, als ob die Bildungsfrage gegenwärtig vor allem danach „be-messen" wird, ob sie sich auf ihre Messbarkeit hin beantworten lässt. Und dabei ist verdächtig häufig von Qualitätskriterien und deren Erfüllungszweck die Rede. Das klingt auf das erste Hören hin plausibel, ist aber doch schillernd und nicht selten bedrohlich. So ist es sinnvoll, der Qualitätssemantik auf den Grund zu gehen und zugleich zu fragen, wie gebildet diejenigen eigentlich selbst sind, die sich als die Erfüllungsgehilfen dieser Qualitätsvisionen ausgeben. Denn eines ist jedenfalls deutlich: Lässt sich evangelische Bildung auf diese Diskussionen ein, sollte sie wissen, was sie da tut – und dies im wahrsten Sinn des Wortes und um ihrer reflektierten Praxis willen.

Für die Frage nach Qualität lohnt sich der Blick in die eigene Kulturgeschichte: Bereits in einer frühen Begriffsverwendung wird deutlich, wie weit manche der heutigen so genannten „Qualitätsdebatten" vom ursprünglichen Bedeutungsgehalt entfernt sind: *„Sitque omne iudicium, non quam locuples, sed qualis quisque sit: Das Urteil soll ganz davon abhängen, nicht wie reich jemand ist, sondern welchen Charakter er hat"*[1] also was jemand ist. Man kann sagen: Schon Cicero gibt intensiv zu denken!

Dieser kritische Blick auf Standardisierungen lässt sich exemplarisch auch in der jüngeren Gegenwartsliteratur aufzeigen: „Was tun Sie, wurde Herr K. gefragt, wenn Sie einen Menschen lieben? Ich mache einen Entwurf von ihm, sagte Herr K., und sorge, dass er ihm ähnlich wird. Wer? Der Entwurf? Nein, sagte Herr K., Der Mensch."[2]

Schon gar nicht, hat „Qualität" mit „quälen" zu tun. Die Frage nach Qualität hat vielmehr grundlegend und entscheidend mit der Frage nach der Beschaffenheit im tieferen Sinn zu tun: *qualis* bzw. *qualitas* im lateinischen Sinn ist nicht in erster

---

1   Cicero, De officiis, Liber secundus, 71.
2   B. Brecht, Geschichten vom Herrn Keuner.

Linie Bezeichnung irgendeines Merkmals, sondern entscheidend ist die Werthaltig-
keit und Güte einer Sache – und eines Menschen sowieso. Eine quantitative Mes-
sung von Qualität unterläuft deshalb alle nur denkbaren hermeneutischen und nota
bene eben auch (mit)menschlichen Notwendigkeiten eines tiefsinnigen Blicks auf
die eigentliche Sache.

Dies findet seine Entsprechung auch in theologischer Perspektive:

Blickt man auf die biblische Überlieferung, so kommt der Begriff der Qualität
explizit nicht vor: Aber nach qualitativer *Beschaffenheit* wird unter der Leitfrage
des griechischen „Poios" durchaus gefragt: So etwa:

„Was ist das Prinzip? – Das der Leistung?, Nein, das des Glaubens" (Röm
3,27); *„Um welche Art Ruhm soll es gehen? – Um Gnade bei Gott"* (1. Petr. 2,20);
„Was für ein Dank und was für ein Lohn steht euch zu?" (Lk. 6,33ff). Die genannten Fragen sind allesamt keine Fragen nach Quantität, sondern nach der Qualität
menschlicher Orientierung und Zukunft – sie reichen also, um es einmal beinahe
olympisch auszudrücken, weiter, höher und tiefer als jegliche Oberflächenbewer-
tung, die bestenfalls den Schein, nicht aber das Sein erfassen kann.

„Welches sind die Gebote?" (Mt 19,18) – fragt deshalb im tieferen Sinn nach
den entscheidenden Geboten. *Was ist das höchste Gebot?"* (Mt 22,36) ist keine
Frage nach der Quantität des höchsten Gebotes, sondern nach seiner Qualität. *„In
wessen Macht, Name und Vollmacht geschehen die Dinge?"* (Apg 4,7) ist keine
Informationsfrage, sondern führt automatisch auf den tieferen Bezugs- und Sinnho-
rizont der sichtbaren Dinge. Die paulinische Aufforderung: *„Prüfet alles, das Gute
behaltet"* (1Thess 5,21) lebt deshalb unmittelbar von ihrem christologischen Bezug.

Fragen nach der Qualität der individuellen und gemeinsamen Lebensführung
können somit biblisch gesprochen nur durch die Frage nach dem dahinterliegenden
Prinzip, nach der tieferen göttlichen Beschaffenheit der Dinge überhaupt in den
Blick genommen werden. Und auch für die Reformatoren hängt die Qualität der
Güter und des Lebens massgeblich von der *substantia fidei* ab: Darin wie einer ist
und sich gibt, kommt diese Substanz des Glaubens zum Vorschein.

Anders gesagt: Pädagogische Operationalisierungen leben in theologischer Perspektive davon, dass in ihnen dieses Grundprinzip, diese nicht unmittelbar messba-
re und schon gar nicht machbare unverfügbare Qualität zum Ausdruck kommt.
Diese Sinndimension pädagogischen Handelns zu verkennen, hiesse jede einzelne
Praxis von vorneherein zu einer sinnlosen Praxis zu (v)erklären.

Diese Grundbestimmungen können nun auch einer näheren Erfassung der Grund-
gestalt evangelischer Schul-Bildung dienen: Wobei im Folgenden dieser Begriff
der Schul-Bildung einerseits grundsätzlich als Signatur jeder Praxis am Ort der
Schule verstanden, andererseits auf die evangelische Schule in besonderer Weise
fokussiert werden soll.

2 Was ist evangelische Bildung? – Zum Zielhorizont einer religious literacy

In Annäherung an die Frage einer qualitätsvollen evangelischen Schul-Bildung gehe ich im Folgenden vom Begriff der *religious literacy* aus, der bereits verschiedentlich erörtert wurde.[3] Der Begriff der *literacy* hat über die PISA-Debatte Einzug in die pädagogischen Diskurse gehalten: Gemeint ist damit der Aspekt von Lesekompetenz in dem Sinn, „geschriebene Texte zu verstehen, zu nutzen und über sie zu reflektieren, um eigene Ziele zu erreichen, das eigene Wissen und Potenzial weiterzuentwickeln und am gesellschaftlichen Leben teilzunehmen", wie es die OECD formuliert hat. Es handelt sich hierbei also um eine pädagogische Zielsetzung von grundsätzlicher, fächerübergreifender Bedeutung.

Unter *religious literacy* sei nun eine religiöse Grundbildung *als* Sprachkompetenz verstanden, die massgeblich auf das Verstehen religiöser Überlieferung bezogen ist, und etwa die Fähigkeit mit einschliesst, sich eigenständig wahrnehmend, deutend und handelnd mit den Inhalten und Interpretationen dieser Überlieferung auseinanderzusetzen. *Religious literacy* meint dann grundsätzlich ein religionsbezogenes Sprachfähigwerden in Beziehung zu sich selbst, zu anderen und zu Gott. Sie umfasst die Fähigkeit, die eigene Lebenswirklichkeit auf eine bestimmte Weise, nämlich „in Beziehung" wahrnehmen und interpretieren zu können. *Religious literacy* lehrt in Fortführung der reformatorischen Theologie Martin Luthers maßgeblich die Kunst des beziehungsorientierten Unterscheidens:

„An die biblisch begründeten Fundamentalunterscheidungen zwischen Gott und Welt und Gott und Mensch schließen sich die Unterscheidungen zwischen Gesetz und Evangelium, zwischen Christenmensch und Weltmensch, zwischen Glaube und Werken, damit auch zwischen Personen und ihren Taten bzw. ihren Eigenschaften an. Die damit eröffneten Unterscheidungen zwischen Würde und Wert, zwischen Jemand und Etwas, Vorletztem und Letztgültigem ermöglichen die notwendigen Differenzierungen im Handgemenge des Lebens, ohne den Anspruch auf Wahrheit und Unbedingtheit preiszugeben. Sie eröffnen damit einen Raum jenseits der Alternative zwischen Relativismus und Fundamentalismus."[4]

Evangelische Bildung als *religious literacy* besteht dann darin, Jugendlichen eine Sprachwerdung zu ermöglichen, durch die sie nach den nicht machbaren Voraussetzungen des eigenen Lebens fragen können.[5] Die Frage nach der qualitativen

---

3   Vgl. M. Schreiner, *Religious literacy* und evangelische Schulen, Münster u.a. 2008.

4   B. Dressler, Bildung und Religion. Welterschließung als Unterscheidungsvermögen, in: G. Guttenberger / B. Husmann (Hg.), Begabt für Religion. Religiöse Bildung und Begabungsförderung, Göttingen 2007, 15-30, hier 16.

5   Vgl. T. Schlag / F. Schweitzer, Brauchen Jugendliche Theologie? Jugendtheologie als Herausforderung und didaktische Perspektive. Neukirchen-Vluyn 2011.

Beschaffenheit von Bildung ist aus religionspädagogischer Perspektive nur zu beantworten, wenn für diesen Erwerb von beziehungsorientierter Grundbildung als Sprachkompetenz der notwendige Raum vorhanden ist.

Kann eine evangelische Schul-Bildung, konkret gefragt, können evangelische Schulen einen solchen Wahrnehmungs-, Deutungs- und Handlungsraum eröffnen? Lässt sich diese Qualität in sachgemäßer Weise beschreiben und benennen?

3 Zum Qualitätsbegriff evangelischer Schulen in religionspädagogischer Perspektive

In Erinnerung an meine eigene Bildungsgeschichte an einer evangelischen Schule, konkret den Evangelischen Seminaren Maulbronn und Blaubeuren, verweise ich auf einige Aspekte von *religious literacy*, die meines Erachtens nach an evangelischen Schulen in besonderer Weise erworben werden können. Was mindestens für mich diese Schulzeit nachhaltig geprägt hat, war der „Erwerb" bzw. die Einsicht in unterschiedliche Beziehungsmomente:[6]

1. Gefördert wurde die Aufmerksamkeit bzw. *Beziehung zu mir selbst*, und dies, weil man sich als Person durch eine spezifische Aufmerksamkeitskultur im Sinn einer pädagogischen Grundbeziehung auf Augenhöhe ernstgenommen wissen und erfahren durfte. Spürbar wurde gleichsam so etwas wie ein protestantischer Geist flacher Hierarchien mitsamt dem Zutrauen, dass selbst dem jugendlichen Protest und auch Widerstand gute Gründe unterstellt wurden.

2. Gefördert wurde die Aufmerksamkeit für andere bzw. *Beziehung zu anderen* – seien es die Mitschülerinnen und Mitschüler, seien es die Lehrkräfte oder die Schulleitung gewesen – und dies, weil man mit anderen auf engem Raum und in langen Zeiträumen das Zusammenleben erlernen und üben musste und durfte. Erlernt wurde damit so etwas wie ein *experiencing tolerance by doing tolerance*.

3. Gefördert wurde die Aufmerksamkeit auf bzw. *Beziehung zu Gott*, und dies, weil die Sozialisation im Kloster inmitten einer langen an den Steinen ablesbaren Geschichte erfolgte: Andachten im Kreuzgang und Complet im Chorgestühl, Gottesdienste an wichtigen Einschnitten des Jahres, das Singen in der Kantorei eröffneten gleichsam Einblicke in eine lange, lebendige Traditionsgeschichte des Christentums. Diese evangelische Schul-Bildung förderte somit nicht nur das Aufwachsen, sondern zugleich auch in hohem Maß das Hineinwachsen in die eigene Tradition

---

6   Vgl. dazu auch T. Schlag, Die Frage nach dem Ethos in Schulen in kirchlicher Trägerschaft. Das Beispiel der Evangelisch-Theologischen Seminare Maulbronn und Blaubeuren, in: H.-U. Grunder / F. Schweitzer (Hg.): Gemeinschaft – Ethos – Schule. Eine praxisnahe Einführung für Ausbildung und Fortbildung. Weinheim/Basel 2006, 131-145.

evangelischer Freiheit und damit gleichsam im *Prozess* die Mündigkeit zum verantwortlichen Umgang mit dieser zugesprochenen Freiheit.

Diese zugegebenermaßen sehr subjektiven Eindrücke lassen sich nun auch empirisch für ganz andere evangelische Bildungsorte, in denen aber offenbar in sehr ähnlicher Weise der protestantische Geist weht, nachweisen.[7] Entlang einer einschlägigen Studie lassen sich diese Bildungsziele wie folgt zusammenfassen:

–   Es ist erklärtes Ziel evangelischer Schulen, in besonderem Maße zur Qualifikation junger Menschen beizutragen.

–   Es wird besonderer Wert auf ein diakonisches Bildungsverständnis im Sinn einer umfassenden Sozialerziehung gelegt.

–   Evangelische Schulen zielen auf die Schaffung von Bindungen und Beziehungen ab: Sie haben in einer Zeit der zunehmenden Entkirchlichung den Anspruch, einen Ort zu verkörpern, der den Glauben stärkt.

Bilanziert wird in der Studie, dass das protestantische Schulwesen durch den Anspruch gekennzeichnet ist, sich durch seinen besonderen Qualitätsanspruch von staatlichen Schulen zu unterscheiden. Darüber hinaus verbindet evangelische Schulen der Anspruch, sich von jenen der öffentlichen Hand durch ein evangelisches Profil abzusetzen, das das Individuum auf der Grundlage der Botschaft des Evangeliums in besonderem Maße fördere, um der nachwachsenden Generation Orientierungen für eine selbstgestaltete Zukunft zu geben. Schulen in evangelischer Trägerschaft bieten demnach ein günstiges Erziehungs- und Sozialisationsmilieu. Das positive Klima in allen untersuchten Einrichtungen führt dazu, dass Jugendliche eigene religiöse Erfahrungen machen und damit Glauben im Lebensvollzug konkret erfahren können.

Ich komme zu einem zweiten Beleg für die besondere Qualität evangelischer Schulen: Im Jahr 2009 wurden Ergebnisse einer Ehemaligenbefragung von MittelschülerInnen im Kanton Zürich veröffentlicht, in die auch das dortige Seminar Unterstrass, eine der wenigen konfessionell-privaten Schulen der Deutschschweiz, integriert war. Die Ehemaligenbefragung stellt eines von mehreren Instrumenten dar, die als Grundlage für die Qualitätsentwicklung an Mittelschulen dienen. Die Mittelschülerinnen und Mittelschüler werden zwei Jahre nach der Matura, d.h. nach dem Abitur, zur persönlichen Entwicklung, zum Schulklima, zur Vorbereitung auf ein Studium und zur Zufriedenheit mit der eigenen Schule befragt.

---

7   Vgl. C. Standfest / O. Köller / A. Scheunpflug, leben – lernen – glauben. Zur Qualität evangelischer Schulen. Eine empirische Untersuchung über die Leistungsfähigkeit von Schulen in evangelischer Trägerschaft. Münster u.a. 2005.

Und hier zeigt sich nun im Vergleich, dass insbesondere in Fragen des schulischen Wohlbefindens, des Schulklimas und der Sozialkompetenzen und selbst im Blick auf die erfahrenen Lernstrategien und die Hochschulvorbereitung das Seminar Unterstrass überdurchschnittlich abschneidet. Offenbar gibt es für evangelische Schulen also eine besondere Chance auf qualitative Nachhaltigkeit.

Wie lassen sich diese Beobachtungen nun im Horizont einer *religious literacy* als religiöser Sprachfähigkeit in die Realität gegenwärtiger evangelischer Schul-Bildung umsetzen und anders gefragt: Was sind die Voraussetzungen und Bedingungen für eine solche qualitative Nachhaltigkeit evangelischer Bildung?

4   Qualitäts-Perspektiven für Evangelische Schulen

Dazu seien im Folgenden einige gleichsam offene Standards genannt:

4.1   Texte und Symbole erschliessen: Zur religionskundlichen Grundbildung evangelischer Schulen

Die Bildung des Subjekts bzw. der Persönlichkeit kann nur durch eine Binnenperspektive auf die jeweilige eigene Religion erfolgen. Erst wenn sich die Frage nach dem eigenen Glauben stellt, kann auch deren Bedeutung und Geltung der angebotenen Religion und ihrer Traditionen für das eigene Leben tatsächlich überprüft werden. Sie darf nicht auf religionskundliches Wissen oder auf ethisches Orientierungswissen reduziert bleiben, sondern muss mehrdimensional begriffen werden. *Religious literacy* zielt somit ab auf Kommunikation über Religion im Sinn einer Außenperspektive als gelehrter Religion und auf religiöse Kommunikation im Sinn einer Binnenperspektive als gelebter Religion.

4.2   Traditionen entdecken: Zur Geschichtsmächtigkeit evangelischer Schulen

Hier haben evangelische Schulen aufgrund ihrer Geschichte, Traditionen, Gründungsväter und -mütter sowie ihrer Gebäude einen besonderen Schatz, an den es immer wieder zu erinnern gilt: Dieser manifestiert sich in der Architektur, aber auch in den langen Traditionsgeschichten der Generationen von SchülerInnen und Lehrkräften, die die jeweilige Schule und deren Kultur – so oder so – mitgeprägt haben. Dahinter steht ein Verständnis von Bildung, das sich eben nicht nur auf mögliche zukünftige Zwecke und gegenwärtige Herausforderungen bezieht, sondern das ganz bewusst auch den Aspekt der Geschichte als einen wesentlich die Gegenwart prägenden Faktor bewusst mit einbezieht. Dass dies natürlich sehr viel mehr als nur ein anbetungsbereiter Historismus gegenüber den Vorvätern und hoffentlich auch Vormüttern der eigenen Schule bedeutet, versteht sich von selbst.

4.3   Rituale erleben: Zur Atmosphäre evangelischer Schulen

Weil die Geschichte des Hervortretens Gottes im Kontext menschlicher Erfahrungen in Form biblischer Überlieferung erzählt und aufgeschrieben wurde, gewinnt man nur durch eine religiöse Grundbildung als Sprachkompetenz die Möglichkeit, an dieser Überlieferungs- und Erzählgemeinschaft in individueller Weise praktisch und deutend teilzunehmen. Die Wiederholbarkeit einer solchen individuellen und gemeinsamen Glaubenserfahrung und deren Deutung geschehen auch im jeweiligen Kultus und der Liturgie als einer Art Wiederaneignung in konkreter liturgischer Form und Handlung. Im Sinn einer Deutungskompetenz der religiösen Symbolsprache gehört zur *religious literacy* eben auch die Kompetenz, den eigenen Glaubensfragen eines ästhetische Gestalt geben zu können, sei es durch Kunst, Musik, Theater, Tanz oder Poesie – Formen des Bibliodramas und Bibliologs deuten hier auf besonders faszinierende Möglichkeiten solcher Gestaltgebungsprozesse hin. Dass dazu evangelische Schulen durch ihre besonderen Zeit- und Raumformen reichhaltige Möglichkeiten bieten, verdeutlicht der Blick in die entsprechenden Jahresberichte und Schulprogramme.

4.4   Beziehungen erfahren: Zur Authentizität der Lehrenden an evangelischen Schulen[8]

Evangelische Schulen wissen inmitten aller *Polyphonie* um ihren spezifisch reformatorischen *cantus firmus*: In Übereinstimmung mit Luther hat Melanchthon diesen bereits in der Frühzeit der Reformation in den prägnanten Worten zum Ausdruck gebracht: „Denn was anderes ist aufs Ganze gesehen das Evangelium als die Ausrufung der Freiheit. Kurz: Christentum heißt Freiheit." Aber damit ist das Konkrete noch längst nicht gesagt. Das bloße Lippenbekenntnis ist jedenfalls allerhöchstens im Leitbild erlaubt. Christlich gelebte Freiheit bleibt jedenfalls unkenntlich, wenn sie nicht in konkreten Beziehungen und Lebensformen, in bestimmter Praxis gelebt und spürbar wird, sich auswirkt und in Verantwortung mündet.

Dies bedeutet dann aber auch, dass Lehrkräfte an Schulen sich immer wieder Rechenschaft über ihre eigene Position geben müssen und dies hoffentlich in aller Angebotsoffenheit authentisch zur Sprache bringen können. Das Konzept der *religious literacy* richtet sich folglich auch auf die Lehrkräfte und deren Selbstverständnis: Es geht darum, religiös auskunftswillig und auskunftsfähig zu sein – und sich damit in aller Offenheit als authentische Lehrkräfte zu erweisen. Dass hier

---

8   Mit diesem und dem folgenden Unterpunkt beziehe ich mich auf Ausführungen M. Schreiners in dem an seine Habilitationsschrift anknüpfenden Aufsatz „Im Spielraum der Freiheit – Zum Profil Evangelischer Schulen", in: A. Schulte / M. Widl (Hg.), Die konfessionelle Schule, Würzburg 2011, 113-128, hier insbesondere 127 f.

noch erhebliches Selbstverständigungspotential besteht, machen die entsprechenden Studien zu den evangelischen Schulen mehr als deutlich.

Im Übrigen gehört meines Erachtens nach zu einem glaubwürdigen evangelischen Unterrichten zugleich die Bereitschaft, mit seinen eigenen pädagogischen wie theologischen Bemühungen auch scheitern zu dürfen, weil theologisch gesprochen jedes Bemühen nicht nur gelingen, sondern eben auch an seine menschengemässen Grenzen kommen kann – vielleicht ja ab und zu auch einmal soll, damit gerade unter vermeintlich sehr guten Schulvoraussetzungen keine Allmachtsfantasien entstehen.

4.5 Gemeinschaft experimentieren: Zum Geist evangelischer Gemeinschaft

Evangelische Schulen vermögen solche Orte zu sein, an denen die jeweilige Schulgemeinschaft gemeinsam eine „neue Sprache" für ein gelingendes Leben in christlicher Verantwortung zu finden und zu sprechen versucht. Dies verweist auf das pädagogische Ziel der Einübung und Erprobung von Sprachfähigkeit – gerade auch in immer wieder auftretenden Konflikten, für die Jugendliche einen erheblichen Sensus haben. Dass sich dabei evangelische Schulen durch ein besonderes Vertrauen nicht nur auf die pädagogischen Professionalität, sondern auf einen wirksamen Geist beziehen können, macht sie in besonderer Weise aus.

4.6 Andere Religionen ernstnehmen: Zur interreligiösen Aufgabe evangelischer Schulen

Dieses Merkmal einer gelingenden religious literacy fußt auf einer Sprachkompetenz in Bezug auf die eigenen handlungsleitenden Gewissheiten und ist auf die Fähigkeit bezogen, mit dem religiösen und kulturellen Pluralismus in profilierter Offenheit umgehen zu können: Also aus der Perspektive der eigenen Religion in den ernsthaften und toleranzfähigen Dialog mit anderen Religionen und Weltanschauungen eintreten zu können. Dass damit evangelische Schulen zugleich wichtige pädagogische Signale für die Schulentwicklung überhaupt setzen, sei an dieser Stelle wenigstens angedeutet.[9]

4.7 Kritisches Bewusstsein entfalten: Zur politischen Aufgabe evangelischer Schulen

Die Möglichkeiten der Lebensführung sind von Beginn an immer auch auf die soziale Dimension des Lebens ausgerichtet: „Der Mensch ist nur dann am rechten Ort und das heißt: er ist nur dann wahrhaft Mensch, wenn er nicht wähnt, etwas für sich

---

9 Vgl. T. Schlag, Protestantische Schulkulturen. Staatliche Bildungspolitik und Evangelische Schulen, in: M. Kumlehn / Th. Klie (Hg.), Protestantische Schulkulturen. Profilbildung an evangelischen Schulen, Stuttgart, 350-363.

allein zu sein und auf sich selbst zu stehen, sondern im Zwischen-Sein zwischen Gott und dem Nächsten sein Zwischen-Sein ... zwischen Sünde und Gerechtigkeit aushält" (G. Ebeling). In diesem Zwischen-Sein erschließt sich somit nicht nur die Tatsache gegebener Rechtfertigung, sondern auch aufgegebener Verantwortung. Hier geht es um die Einübung in eine Art kritischer Hoffnungsperspektive des Glaubens, der Handeln für sich selbst und für andere ermöglicht.

4.8   Zur Verantwortung ermächtigen: Zur Ethik evangelischer Schulen

Dies heißt dann aber auch, Formen einer *Just community*, also einer wirklichen demokratischen Kultur an der jeweiligen Schule selbst zu entwickeln. Vielleicht ist dies sogar eines der entscheidenden Unterscheidungsmerkmale evangelischer Schulen gegenüber staatlichen Schulen: D.h. gerade nicht, womöglich gar über eine bessere, christliche Ethik verfügen zu können, sondern dem ethischen Diskurs und der Begründungsoffenheit ethischer Maßstäbe – etwa in Fragen der Menschenrechte und Menschenwürde – eine eigene christliche Deutung an die Seite stellen zu können. Damit kann die sachliche Nähe von demokratischer und christlicher Bildung gleichsam im Vollzug ihre pädagogische Plausibilisierung erfahren, was zugleich manche etwas leidvoll-trockene Leitbilddebatte in gutem Sinn zu relativieren vermag.

4.9   Identität entwickeln: Zur Rechtfertigungs-Bildung an evangelischen Schulen

Zur Identitätsentwicklung gehört das Einüben in den Umgang mit den eigenen Brüchen des Lebens und Raum für die Erfahrung, dass das eigene Leben nicht vollkommen, sondern fragmentarisch ist. Wobei dieses Ziel der Sache nach immer nur als ein prozessuales gedacht werden kann. Es geht tatsächlich um nicht weniger als ein Unterrichten im christlichen Aufmerksamkeitshorizont an evangelischen Schulen als Biotopen gelebter Christlichkeit.[10]

Auch wenn die genannten Punkte einerseits durchaus ein Gesamtprofil evangelischer Schul-Bildung markieren, ist doch zugleich der Sache nach auch klar, dass hier viele Potentiale einstweilen noch unabgegolten sind: In der täglichen Unterrichtspraxis sollte die genaue und vollständige Wahrnehmung individueller Denkwege und Handlungsperspektiven, die sich Zeit für Besinnung und Vertiefung nimmt, den Regel- und nicht den Projektfall darstellen. Die genannten Aspekte sprechen – selbst wenn sich eine ganze Schule darauf verpflichtet – niemals für sich und schon gar nicht auf Dauer. Vielmehr sind sie – so elementar dies auch klingen mag – tagtäglich immer wieder neu zu erproben. Insofern stellt evangelische Schul-Bildung von ihrem Anfang an und bis heute gleichsam ein pädagogisches Dauerexperiment

---

10   Vgl. M. Schreiner, *Religious literacy* und evangelische Schule, in: Ders. (Hg.), *Religious literacy*, a.a.O., 135-143.

im Sinn des reformatorischen *Semper reformanda* dar, das mit so viel Mut und Gelassenheit wie möglich immer wieder neu anzugehen und auszugestalten ist.

Eine evangelische Bildungstheorie tut folglich gut daran, die Kräfte gerade nicht auf einen tendenziell funktionalen messbaren Qualitätsbegriff zu konzentrieren und damit ihr ureigenes Unverfügbarkeitsprinzip fundamental zu verabschieden. Abgesehen davon nähme sie sich durch eine solche widerspruchslose Integration in die aufgeregte Qualitätsdebatte das gute und evangelisch verbriefte Recht, bestimmte Bestände ihrer Tradition als prinzipiell unverfügbare und per se sogar geheimnisvolle Bildungssubstanzen auszuweisen. Kurz gesagt: Wenn evangelische Schul-Bildung meint, sich umfassend evaluieren (lassen) zu können, verliert sie ihr Eigenes – um nicht zu sagen, ihre eigene würdevolle Geschichte und pädagogische Würdigkeit.

Bedeutsam bleibt sie nur, wenn auf substantielle Beschaffenheit gesetzt wird und Raum für Unverfügbares offen bleibt. Insofern sollte der Hentigsche Bildungsleitsatz „Die Menschen stärken, die Sachen klären" für den Raum evangelischer Schulbildung umformuliert werden in: „Die Personen entdecken, die Beziehungen entwickeln". Um weniger als dies kann und darf es nicht gehen.

Die paulinische Aufforderung *„Prüfet alles, das Gute behaltet" (1Thess 5,21)* mit ihrem christologisch-pneumatologischen Bezug ist dabei für die anstehenden Qualitätsdebatten, die nach der wirklichen sinnvollen Beschaffenheit von Sachen und Personen fragen, mit Sicherheit nicht die schlechteste Orientierungsgröße.

Bibel und Bildung.
Perspektiven gegenwartsbezogener Bibeldidaktik

Elisabeth Naurath

Kann man die Bibel heute noch als bildungsrelevant bezeichnen? Können Heranwachsende der so genannten ‚digitalen Generation' noch in biblischen Texten Schätze für sich entdecken, auch wenn ihnen das ‚Medium Buch' als Quelle der unbewegten Bilder fremd und damit für kindliche wie jugendliche Seh-, Konsum- und Freizeitgewohnheiten unnahbar erscheint. Dementsprechend meinte der Kabarettist Dieter Hildebrandt einmal: ‚Bildung muss von Bildschirm kommen. Denn käme es von Buch, dann müsste es ja Buchung heißen!' Diesem Schluss widersprechend, möchte ich im Folgenden nach der bildungstheoretischen Relevanz des so genannten ‚Buches der Bücher' fragen.

1   Problemanzeige: Die Fremdheit der Bibel

Erste Szene:

Mit ca. 20 Studierenden beginnen wir ein Seminar mit einer gestaltpädagogischen Übung. Auf einem Stuhl in der Mitte des Raumes liegt eine Bibel, die Studierenden gehen im Raum umher und versuchen ihre Position zur Bibel zu finden. Welche Nähe oder Distanz fühlt sich für mich momentan stimmig an? Bei den meisten ist die Distanz augenfällig groß und in einer Reflexionsrunde zu dieser Übung kommen Sätze wie dieser: „Ich wünsche mir eigentlich, da auf dem Stuhl sitzend, die Bibel in die Hand zu nehmen und interessiert zu lesen. Aber ich finde irgendwie keinen richtigen Zugang zu den Texten."

Zweite Szene:

In Anlehnung an die Fragebogenanalyse von Horst Klaus Berg[1] vereinbaren Lehramtsstudierende der Universität Osnabrück eine eigene, anonymisiert durchgeführte Momentaufnahme zur Bedeutung der Bibel für ihr Leben. Die wichtigsten Ergebnisse sind:

– *Von 59 abgegebenen Stimmen meinen immerhin 30 (ca. die Hälfte), dass sie nicht so genau sagen können, ob die Bibel eine große Bedeutung für sie habe.*

– *Etwas mehr als zwei Drittel der Studierenden gibt an, ,eigentlich nie' für sich selbst in der Bibel zu lesen.*

– *Nach Einschätzung der Studierenden wird die Bibel besonders dann relevant, wenn man sehr verzweifelt ist.*

– *Und zuletzt: Alle meinen, dass die Bibel ihren festen Ort im Religionsunterricht haben sollte – die meisten sehen Bibeldidaktik in Verbindung zur Problemorientierung.*

Die Ergebnisse sind in folgender Hinsicht aufschlussreich: In der Tendenz zeigt sich bei den meisten der Theologiestudierenden eher eine Distanz als eine Nähe zur Bibel. Hinsichtlich der Lebensrelevanz wird insbesondere die seelsorgerliche Dimension biblischer Texte in den Vordergrund gestellt. Und schließlich: Die Beschäftigung mit biblischen Texten im Religionsunterricht – insbesondere in Bezug zu Lebensfragen – wird durchweg bejaht.

So lässt sich resümierend sagen: Wenn Gerd Theißen in seinem Konzept einer offenen Bibeldidaktik postuliert, dass erwiesenermaßen weniger die Kinder als vielmehr die Erwachsenen motivierende Impulse zur Begegnung mit der Bibel bräuchten[2] – dann deutet dies auf eine Problemanzeige, die den Bogen weiter spannen muss. Wie kann der gewünschte Bibelbezug religiöser Bildung eingelöst werden, wenn auch die Lehrenden ein Gefühl der Fremdheit zur Bibel begleitet? Wie lässt sich diese augenscheinliche Diskrepanz von gewünschter Bibelnähe und gelebter Bibelferne, die sich unterrichtspraktisch als Hemmschuh erweisen dürfte, vermeiden? Auf der Basis dieser Fragen sollte nun ein dezidierter Blick auf die Lernenden geworfen werden.

---

1   Vgl. H. K. Berg, Grundriss der Bibeldidaktik. Konzepte, Modelle, Methoden, München ³2003, 13f.
2   Vgl. G. Theißen, Zur Bibel motivieren. Aufgaben, Inhalte und Methoden einer offenen Bibeldidaktik, Gütersloh 2003, 268f.

2   „Bibel weg – hat kein'n Zweck!"[3]
Das wiederkehrende Klagelied der Bibeldidaktik

Diese provokative Überschrift, die Christine Reents als Titel ihres Beitrags zur Bibeldidaktik in der Postmoderne benutzt, markiert die stereotyp wiederkehrende Klage, dass eine mit Bibeln bepackte Religionslehrkraft beim Betreten des Klassenzimmers nur gelangweiltes Stöhnen erntet. Bei genauerer Betrachtung der empirischen Untersuchungen zur Beliebtheit der Bibel bei Heranwachsenden relativiert sich allerdings dieser pauschal negative Eindruck auf der Basis einer altersspezifischen Differenzierung.

Der frühkindliche Bereich ist noch weitgehend unerforscht. In dem von uns durchgeführten elementarpädagogischen Forschungsprojekt zur Entwicklung von Mitgefühl,[4] bei dem auch im Kindergartenbereich mit ausgewählten biblischen Texten gearbeitet wird, reagieren die Kinder auf biblische Geschichten sehr aufgeschlossen und begeistert. Auch konsumwirtschaftlich bestätigt der florierende Markt an Kinderbibeln sowie mediale Angebote wie zum Beispiel die Hör-CD ‚Die Maus entdeckt die Bibel' oder die Serie ‚chi-rho im Kika', dass mit der Bibel bei Kindern schon ab dem Kleinkindalter gute Geschäfte zu machen sind. Dennoch belegen empirische Studien,[5] dass die meisten Kinder erst im Religionsunterricht die Bibel kennenlernen. Alle Daten zur Bibelrezeption im Grundschulbereich bestätigen hier eine äußerst positive Resonanz, wie beispielhaft die Untersuchung von Anton Bucher zum Ausdruck bringt.[6]

Wir können also bis zur vierten Klasse von einer recht hohen Attraktivität von Bibelgeschichten ausgehen, da erwiesenermaßen die entwicklungspsychologisch verifizierte Verhaftung in mythisch-wörtlichen Denkschemata mit der Auswahl narrativer Texte verbunden wird. Ebenso plausibel lässt sich das drastische Verfallsdatum dieser Beliebtheitsskala entwicklungspsychologisch deuten: Mit zunehmender Adoleszenz und einem damit einhergehenden kritischen Blick auf den so genannten Kindheitsglauben, mit steigendem Interesse an naturwissenschaftlichen

---

3   Ch. Reents, „Bibel weg – hat kein'n Zweck!"? Zwölf Argumente und zwölf Gegenargumente, in: G. Lämmermann / Ch. Morgenthaler / K. Schori, / Ph. Wegenast (Hgg.), Bibeldidaktik in der Postmoderne (FS K. Wegenast), Stuttgart 1999, 337-344.

4   Forschungsprojekt des Niedersächsischen Instituts für Frühkindliche Bildung und Entwicklung (NIFBE) zum Thema ‚Mitgefühl als Weg zur Werte-Bildung. Elementarpädagogische Forschung zur Beziehungsfähigkeit als emotional-sozialer Kompetenzentwicklung im Kontext religiöser Bildungsprozesse' (Naurath/ Teschmer).

5   Eine fundierte Literaturrecherche findet sich bei: N. Mette, Bibeldidaktik 1986-2006, in: Jahrbuch für Religionspädagogik JRP 23 (2007), 175-195.

6   A. A. Bucher, Verstehen postmoderne Kinder die Bibel anders?, in: G. Lämmermann / Chr. Morgenthaler u.a. (Hg.), Bibeldidaktik in der Postmoderne, Stuttgart 1999, 135-147, 139.

Fragestellungen – kurz mit einer pubertär bedingten lebensgeschichtlichen Entmythologisierungsphase – geht eine wachsende Bibeldistanzierung einher, der – und dieses Klagelied findet sich in monotoner Wiederholung – im Jugendalter kaum entgegenzuwirken sei.

Ist also alles bibeldidaktische Bemühen wie ein ‚Kampf gegen Windmühlen'?[7] Faktisch lässt sich mit Langenhorst eine beachtliche Liste von Verlusterfahrungen konstatieren, die man folgendermaßen differenzieren könnte:[8] *Wissensverlust* (Biblische Texte als Quelle unserer abendländischen Kultur), *Erfahrungsverlust* (Biblische Texte als Ausdruck grundmenschlicher Tiefenerfahrungen wie Schuld, Leid, Hoffnung etc.), *Relevanzverlust* (Bibel als Maßstab und Orientierung für gelingendes Leben bzw. Lebenssinn), *Effektivitätsverlust* (Bibel als Inspiration für ethisches und spirituelles Leben) und damit sogar *Realitätsverlust* (Bibel als Impuls zur Reflexion des Wirklichkeitsverständnisses).

Was tun, fragt sich die Religionspädagogik? Selbstverständlich gibt es viele offensichtliche Gründe, die man bei Schülern und Schülerinnen, insbesondere im pubertierenden Jugendalter, anführen kann, um sich mangelnde Motivation, Unlust oder Widerstände gegen die Bibel im Unterricht zu erklären. Natürlich haben sich jugendkulturelle Lebens- und Kommunikationsformen drastisch verändert, natürlich sind entwicklungspsychologische Momente einer sich vom Kinderglauben verabschiedenden Jugendkritik nicht die besten Voraussetzungen. Doch reicht dies alles aus, um die Kurve der Beliebtheitsskala biblischer Texte derart in die Tiefe fallen zu lassen? Oder: So könnte man mutmaßen, liegt das Problem einer Bibelverdrossenheit im Jugendalter vielleicht auch an einer inadäquaten Bibeldidaktik?

Denn die gefühlte Fremdheit der Bibel könnte doch geradezu auch eine Chance sein – wissen wir doch von der Motivationspsychologie, dass gerade das Fremde auch das Reizvolle ist. Dies bestätigt sich ja beispielsweise in dem gegenwärtig großen Interesse an dem Unterrichtsthema Fremdreligionen. Auch in inhaltlicher Perspektive sind doch die biblischen Texte, die nach Sinn, Hoffnung und Gerechtigkeit fragen, geradezu prädestiniert für eine im Jugendalter relevante Orientierungssuche. Und schließlich: Steckt in biblischen Texten nicht auch so viel Provokatives, Konventionen- und Normkritisches, dass diese doch gerade im Jugendalter als einer widerständig-kritischen Lebensphase höchst attraktiv sein könnten?

Es scheint Skepsis angebracht angesichts eines allzu schnellen Plädoyers für Bibelabstinenz in der Arbeit mit Jugendlichen bzw. einer pragmatischen Umgehung biblischer Themen durch fokussierte Problemorientierung. Vielmehr soll im Folgenden der Perspektive nachgegangen werden, dass durch die bibeldidaktisch

---

7   So G. Langenhorst, Gedichte zur Bibel. Texte – Interpretationen – Methoden. Ein Werkbuch für Schule und Gemeinde, München [2]2004, 22.

8   Ebd., 23f.

gelingende Beschäftigung mit biblischen Texten auch mit Jugendlichen Schätze entdeckt und gehoben werden können. Schätze, die vergangenheitsklärend, gegenwartsrelevant und zukunftsweisend – alles in allem in bildungstheoretischer Hinsicht für die Einzelnen und die Gesellschaft äußerst wertvoll sind.

3   Bibel und Bildung

Dass die Bibel von zentraler bildungstheoretischer Bedeutung ist, lässt sich unschwer an der abendländischen Geistesgeschichte ablesen. Schon Luthers Übersetzung der Bibel ins Deutsche steht für den Beginn einer grundlegenden Mündigkeitsbewegung gegen eine autoritäre Kirche, als Wertschätzung der Gläubigen im Priestertum aller Getauften, einhergehend mit der Eröffnung von allgemeinen, für alle zugänglichen Bildungsoptionen – einem wesentlichen Impuls für die Schulgeschichte. Bildungstheoretische Initialzündung damals war die Bibel. Doch welche Bildungsrelevanz hat die Bibel in der Gegenwart? Könnte es sein, dass die Verbindungslinien zur Reformation als Befähigung und Legitimierung des Subjekts zum Lesen und Deuten der Bibel wieder deutlicher betont werden müssten?

Doch zunächst ein Blick in die Forschungsgeschichte: In den meisten bibeldidaktischen Entwürfen findet sich ein Kapitel zur bildungstheoretischen Begründung biblischen Lernens.[9] Hier wird insbesondere das kulturwissenschaftliche Argument bekräftigt, dass nämlich angesichts des postmodernen Traditionsabbruchs das Kennenlernen der biblischen Fundamente unserer Kultur als Bildungsauftrag allgemein bildender Schulen konstitutiv sei. Dieses grundlegende Argument legitimiert nicht nur die Bibeldidaktik als unaufgebbares Proprium christlicher Religionspädagogik, sondern die Religionspädagogik auf der Basis des Kulturguts Bibel selbst. Evident wird dies angesichts von Pluralisierungsprozessen, die deutlicher nach der Legitimität konfessioneller Bildungsangebote fragen.[10] Zum Zweiten findet sich das Argument ‚Biblisches Lernen als Beitrag zur Identitätsbildung‘[11]und betont, dass „biblisches Lernen insgesamt seinen Beitrag zum Individuationsprozess der Schüler/innen leisten"[12] solle. Allerdings ist nicht nur der Identitätsbegriff

---

9   So beispielsweise auch bei: P. Müller, Schlüssel zur Bibel. Eine Einführung in die Bibeldidaktik, Stuttgart 2009, 32ff. (mit weiterführenden Literaturangaben).

10   So illustriert beispielsweise das Novemberheft (11/2011) der Zeitschrift Geolino, dass der Wind gegen den Religionsunterricht rauer wird. ‚Soll der Religionsunterricht abgeschafft werden?', so die öffentlich gestellte Frage in der populären Kinderzeitschrift. Interessant der etwas manipulative Charakter: Bei den Kinderbeiträgen, die Religionsunterricht befürworten, geht der Daumen im Bild nach unten!

11   So zum Beispiel bei M. Schambeck, Bibeltheologische Didaktik. Biblisches Lernen im Religionsunterricht, Göttingen 2009, 68ff.

12   Ebd., 69.

im gegenwärtigen Wissenschaftsdiskurs äußerst strittig. Es bleibt in den Argumentationen auffallend vage, wie genau der Zusammenhang von biblischem Lernen und Identitätsförderung vorzustellen sei. Daher soll im Folgenden dieser bildungstheoretischen Begründung genauer nachgegangen werden – basierend auf der Hypothese, dass genau hier der Schlüssel zur Bibelrelevanz für heutige Jugendliche liegen könnte.

3.1 Selbstwahrnehmung und Selbstreflexion durch die Begegnung mit biblischen Texten

„Danket dem Herrn, denn er ist freundlich und seine Güte währet ewiglich." Beispielhaft zeigt dieser Vers aus Psalm 106, dass für einen theologisch begründeten Bildungsbegriff die Beziehungsdimension konstitutiv ist. Im Unterschied zu narrativen Texten liegt in dem klaren, starken Spruch, wie Luther die Grundstruktur insbesondere von Psalmversen auf den Punkt brachte, ein elementarer Zugang, der auch emotionale Momente anspricht und genau darin seine Lebensrelevanz deutlich macht.[13] Man kann sich quasi nicht neutral zu so einem starken Spruch verhalten, sondern der existentiale Gehalt dieses Verses, der in der Vergegenwärtigung der Menschenfreundlichkeit Gottes wie eine Überschrift zu Altem und Neuen Testament gelesen werden könnte, setzt den Rezipienten/ die Rezipientin in Beziehung, ob zustimmend oder abgrenzend.

Sowohl schöpfungs- als auch rechtfertigungstheologisch korrespondiert das Verständnis christlicher Freiheit mit dem Bildungsbegriff. Konkret: Die Gottebenbildlichkeit des Menschen (Gen 1, 26 f.) begründet die unhinterfragbare Würde jedes Menschen als Person. Nach christlichem Erlösungsverständnis entfaltet, bedeutet dies, dass wir – so wie wir sind – geliebt, angenommen, gerettet und befreit sind. Freiheit zur Subjektwerdung des in seinem Personsein nicht zu negierenden Menschen impliziert damit den bildungstheoretischen Anspruch, Bildung als Selbst-Bildung zu verstehen. Kritiker mögen fragen, ob hier nicht eine Verabsolutierung des menschlichen Selbst bzw. eine Überschätzung der Selbstwerdungspotentiale des Individuums zum Ausdruck kommen. Doch gerade die Rückbindung einer theologischen Anthropologie an ihre biblischen Fundamente lässt diese kritische Frage entschieden verneinen: Christliche Freiheit ist keine willkürliche Freiheit, die alles ins Belieben Gestellte gut heißen will, sondern eine geschenkte Freiheit, die sich auf ein von Gott gesetztes Beziehungsgeschehen gründet. Selbstbildung meint

---

13 Die Bedeutung der Psalmen in deren existentialen und zugleich emotionalen Charakter hat insbesondere Ingo Baldermann immer wieder betont, z.B. I. Baldermann, Wer hört mein Weinen? Kinder entdecken sich selbst in den Psalmen, Neukirchen [2]1989.

daher nicht eine irgendwie geartete selbstbezügliche Selbstentfaltung, sondern sie bedarf konstitutiv des Anderen außerhalb seiner selbst. Erst die Infragestellung, die Brechungen und Irritationen durch das Fremde, aber auch die Zusage angesichts der Erfahrungen von Scheitern oder des Verzweifelns an sich selbst sind konstitutive Momente der Selbstreflexion und haben gerade darin ihren bildenden Charakter.

In dem für biblische Texte konstitutiven Gottesbezug, der den Menschen sowohl in seiner Individualität wie auch Sozialität anspricht, meint Bildung den Impuls zur Selbsttranszendenz. Das, was ich mir nicht selbst sagen kann, kann meine Selbstwahrnehmung verändern und Potentiale zur Selbstreflexion mobilisieren. Die Bildungsrelevanz liegt demnach in einer – im wahrsten Sinne des Wortes kreativen – also neu schaffenden – Dimension durch eine Neubestimmung der Beziehungsqualität zu Gott, zu mir selbst, zu meinem Nächsten und zur Welt. Dies begründet den zweiten Punkt:

3.2 Selbstdistanzierung und Pluralismusbefähigung durch die Begegnung mit biblischen Texten

Ich möchte diese Zusammenhänge anhand eines bibliodramatischen Beispiels veranschaulichen. In einem Seminar arbeiten wir an dem Vers aus dem Amosbuch: „Es ströme aber das Recht wie Wasser und die Gerechtigkeit wie ein nie versiegender Bach". Es geht darum, eine subjektorientierte Annäherung an diesen doch zunächst abstrakten Begriff ‚Gerechtigkeit' zu finden. Die Seminarteilnehmer versuchen das, was sie momentan mit ‚Gerechtigkeit' assoziieren, in einer Geste zum Ausdruck zu bringen. Die Methode verläuft so, dass die Gruppe im Kreis steht, die Geste jeder Person genau beobachtet und dann nachahmt. Die einzelnen Gesten werden dabei weder gedeutet noch bewertet. Es entsteht in der Vielfalt dieser Bewegungen ein buntes Bild zum Thema Gerechtigkeit. Im anschließenden notwendigen Reflexionsprozess wird deutlich, dass die körpersprachliche Dimension in der Nachahmung der Geste jeder einzelnen Person dieser Gruppe Verstehensbedingungen eröffnet hat, die bei einem rein verbalen Austausch der Sichtweisen kaum möglich gewesen wäre.

Die Wahrnehmung des Eigenen gewinnt in der Konfrontation mit dem Fremden an Tiefe und Profil. Dies begründet sich darin, dass die eigene Deutung durch andere Deutungen relativiert, kritisiert und damit in gewisser Weise auch korrigiert werden kann. Dies bewahrt vor Verabsolutierungen des Eigenen und öffnet die Augen für andere Sichtweisen. Geschieht dies in einem Rahmen, der von der Wertschätzung der subjektiven Deutungen getragen ist, führt dieses Klima zur Dialog- und Pluralismusfähigkeit. An dem eben beschriebenen Beispiel wird zudem deutlich, dass die Nonverbalität der Methode, die eigene Deutung also in einer Geste zu zeigen,

stärker als der sprachliche Diskurs vor Rechthaberei bewahrt. In einer Anerkennung der Geste des Anderen muss sich jede/r Teilnehmende in gewisser Weise auf
die Sichtweise des/der Anderen einlassen. In diesem Moment der Einfühlung in
eine fremde Perspektive liegt ein konstruktiver Impuls, den eigenen Horizont zu
erweitern – unabhängig davon, ob später in der Reflexionsrunde eine zustimmende
oder ablehnende Haltung eingenommen wird. Die Herausforderung gesellschaftlich
vorfindlicher Pluralität, die in dem Erleben des Andersseins der Anderen stets Po-
tential für Konflikte beinhaltet, bedarf daher der Einübung von Pluralismusfähigkeit, um in gesellschaftlicher Relevanz zu Konfliktlösungen beizutragen. Dass hier
der Umgang mit Vielstimmigkeit nicht nur eine Methode ist, die der Bibel quasi
aufgesetzt wird, sondern vielmehr den biblischen Texten selbst inhärent zugrunde-
liegt, wird im Folgenden thematisiert.

3.3   Selbsttätigkeit und Subjektwerdung durch die Begegnung mit biblischen Texten

Der gegenwärtige Wandel bibeldidaktischer Konzeptionen lässt religionspädagogische wie auch sprachwissenschaftliche Perspektivenwechsel erkennen. Insofern ist
Bibeldidaktik in einer Brückenfunktion zwischen Text (und damit auch den Entwicklungen wissenschaftlicher Exegese) so wie dem Leserkontext (und damit auch
den kontextuell bestimmten Rezeptionsstrukturen) zu sehen. Neu ist demgemäß
eine Hinwendung zu den Subjekten des Lesens, Hörens bzw. Lernens: Auf der Basis des in der Sprachwissenschaft beschriebenen Theorems der Rezeptionsästhetik
tritt das Subjekt als Konstrukteur des Textes in den Blick.
    Damit bleibt die historisch-kritische Exegese in ihren Methoden und Ergebnis-
sen das Fundament der Bibelauslegung und ließe sich für die Bibeldidaktik daher
quasi als Standbein verstehen. Demgegenüber trägt der rezeptionsästhetische Ansatz – quasi als Spielbein – der Tatsache Rechnung, dass die Auslegung nicht ohne
die kontextuell bestimmte Brille der Lesenden verstanden werden kann. Dieser Zusammenhang lässt einen Vergleich ausgehend von der Vorstellung der Betrachtung
eines Kunstwerks wagen: Bei der Betrachtung eines Aquarells können Farben und
Formen erkannt werden, die den Gehalt des Bildes ausmachen. Man könnte fragen,
welche Technik und welches Material der Künstler verwendet hat und Rückschlüsse auf eine Datierung, auf mögliche kunsthistorische Einflüsse, mittels Strukturpa-
rallelen auf andere Gemälde dieses Künstlers oder einer Vernetzung in Künstler-
kreisen schließen. Das alles könnte für die Deutung des Bildes aufschlussreich sein,
um biographische, sozial- und kulturgeschichtliche Bedingungen, möglicherweise
auch intentionale Absichten dieses Gemäldes bzw. seines Künstlers näher zu bringen. Doch bei genauerer Betrachtung sehen wir nicht nur Formen und Farben,

sondern auch viele weiße, d.h. unbemalte Stellen im Bild. Diese Leerstellen haben keine eigentliche Aussagekraft und doch geben erst sie in ihrer Transparenz eine Tiefe, die die Farben zum Sprechen und das Bild zum Leuchten bringen. Ganz ähnlich ist auch ein Text nichts Abgeschlossenes, sondern vielmehr Offenes – in dem, was mit bestimmten Motiven und Sprachmustern gesagt und angedeutet wird, aber auch in dem, was sozusagen zwischen den Zeilen steht. Auch in biblischen Texten finden wir diese Leerstellen, die vieles ungesagt und unbestimmt lassen und damit Deutungsräume für den Leser eröffnen.

Hier kommen also die Rezipientinnen und Rezipienten in ihren lebensgeschichtlichen, aber auch situativen Kontexten ins Spiel, indem die Gesamtkomposition mit allen Farben, Strukturen und Offenheiten etwas dadurch zum Klingen bringt, dass auch Eigenes (eigene Erfahrungen, Assoziationen, Gefühle und Gedanken) in den Text als ‚open text' hineingelegt werden kann. Pointiert ließe sich sagen: Dass der Text nicht nur die Erlaubnis gibt, sondern geradezu auffordert, auf der Suche nach Sinn und Lebensrelevanz, Eigenes mit dem Fremden in Verbindung zu bringen, ist die der Bibel eigene Didaktik: Die Körpersprachlichkeit vieler Texte, die Emotionalität vieler Bilder, die Alltagsnähe der Gleichnisse, die Dramatik der Lebensgeschichten, der durchschimmernde oder auch prägnante Gottes- und Transzendenzbezug weben auf die ihnen eigene Art Beziehungsnetze zu den Fragen bzw. Suchbewegungen der Leser und Leserinnen. Genau dies macht die Bibel zum – die Selbstreflexivität initiierenden – Bildungsbuch, dass die eigene Geschichte in den größeren Kontext der Geschichte des Menschen mit Gott gestellt wird, dass dem Verlorenen Trost und Hilfe zugesagt werden, dass dem Verstockten widersprochen wird, dass Unverständliches zum Geheimnisvollen und noch Ausstehenden wird.

Doch was heißt das konkret und unterrichtspraktisch für die Bibeldidaktik im Jugendalter?

4   Bibeldidaktische Konkretionen für das Jugendalter

4.1   Mit Jugendlichen gemeinsam biblische Texte deuten

Die gegenwärtige Weiterentwicklung des Programms der Kindertheologie zu einer Jugendtheologie steckt noch in den Anfängen.[14] Wie oben beschrieben liegt der Perspektivwechsel jedoch in der Anerkennung der Selbsttätigkeit des Subjekts. Auch wenn man nicht so weit gehen will, Jugendliche als Kinder oder Jugendliche

---

14   Vgl. F. Schweitzer / Th. Schlag, Brauchen Jugendliche Theologie? Jugendtheologie als Herausforderung und didaktische Perspektive, Neukirchen 2011.

als Exegeten zu sehen, kommen doch nun Heranwachsende aller Altersstufen als aktive Konstrukteure im Sinne der Rezeptionsästhetik in den Blick. Damit ist eine Trendwende für die Bibeldidaktik möglich, die der verifizierten Bibelverdrossenheit Jugendlicher konstruktiv begegnen kann. So hat beispielsweise die bundesweite Studie zur Konfirmandenarbeit[15] gezeigt, dass 13-14 Jährige grundsätzlich theologische und biblische Themen befürworten, jedoch kritisieren, dass sie sowohl bei der Auswahl der Themen wie auch der Offenheit für ihre eigenen Sichtweisen nicht genug beachtet worden seien. Insofern scheint ein zentrales Kriterium gelingender Bibeldidaktik der Abbau vorherrschender Vorurteile, dass Deutungen nicht vorab festgelegt und nur von den Lernenden zu adaptieren seien, sondern vielmehr der, auch in theologischem Sinn zu verstehenden Selbsttätigkeit und Deutungsfähigkeit der Jugendlichen respektierend Raum gewährt wird.

Die Abwehrmechanismen von Jugendlichen sind selbstverständlich, wenn der Eindruck erweckt wurde oder wird, dass das, was gelernt werden soll, mittels der Deutungshoheit von Kirchenpersonal, Wissenschaftlern, Pfarrerinnen und Lehrern schon immer feststeht. Das Lebensgefühl moderner, auf religiöse Selbständigkeit pochender und nach Deutungsfähigkeit strebender Jugendlicher lässt sich so kaum treffen. Vielmehr wollen Jugendliche – so wie ihr Leben – auch dieses Buch selbst in die Hand nehmen. Dies kann man aktuell beispielsweise an dem Erfolg der Volxbibel – einer Übersetzung der Bibel im Jugendjargon – sehen. Attraktiv ist für Jugendliche nicht nur die zum Teil provokative Sprache, sondern auch die interaktiven Möglichkeiten mit Hilfe der Neuen Medien, beispielsweise im ‚chatroom' zu den täglichen Losungen.[16] Auch Projekte wie der von der Evangelische Kirche (EKD) initiierte Predigtwettbewerb ‚Jugend predigt' machen deutlich, dass und wie sich Jugendliche an der gegenwartsrelevanten Auslegung biblischer Texte beteiligen, indem sie sogar eigene Predigten im Internet veröffentlichen.[17]

Insofern ist es an der Zeit, die seit nunmehr zehn Jahren durch die Kindertheologie verifizierten hermeneutischen Kompetenzen von Heranwachsenden auch im Unterrichtsgespräch auf der Basis des gemeinsamen Theologisierens wahr- und ernst zu nehmen: „Im Bibelunterricht (…) sollen Kinder und Jugendliche dauerhaft zu eigenem auslegenden Umgang mit biblischen Texten ermutigt werden, was nur gelingen kann, wenn sie von Anfang an den Wert eigenen Entdeckens und Deutens erfahren können und im selbständigen Auslegen ermutigt und unterstützt wer-

---

15 Vgl. F. Schweitzer / V. Elsenbast (Hg.), Konfirmandenarbeit erforschen und gestalten: Konfirmandenarbeit erforschen: Ziele - Erfahrungen – Perspektiven, Gütersloh 2009.

16 Vgl. hierzu auch Scholz, Stefan: Bibeldidaktik im Zeichen der Neuen Medien. Chancen und Gefahren der digitalen Revolution für den Umgang mit dem Basistext des Christentums (diese Habilitationsschrift wird in Kürze im LIT-Verlag in der Reihe ‚Ökumenische Religionspädagogik' erscheinen).

17 Vgl. http://www.ekd.de/jugend-predigt/ (29.2.2012).

den."[18] Die Folge wäre meines Erachtens nicht nur eine steigende Motivation Jugendlicher zur Beschäftigung mit der Bibel, sondern auch ein immenser Gewinn für die religiöse Jugendforschung, die wiederum Rückschlüsse für den Diskurs um eine entwicklungsorientierte Bibeldidaktik liefern könnte.

Selbstverständlich bedarf es im Sinne einer Ermöglichungsdidaktik auch einer Erweiterung bibeldidaktischer Methoden, die zur Selbsttätigkeit befähigen, Spaß machen und zugleich einem bildungstheoretischen Anspruch genügen. Hier ist in den letzten Jahren vieles erdacht, praktiziert und reflektiert worden – insbesondere Wege der Verfremdung biblischer Texte in moderner Literatur, Musik oder Kunst, aber auch kreatives Schreiben oder Gestalten bieten Chancen, subjektorientiert zu arbeiten und dabei selbstreflexive Impulse zu geben. Insbesondere für die bibeldidaktische Arbeit mit Jugendlichen hat in den letzten Jahren der Bibliolog einen Boom erlebt. Gerade dem Gefühl von Fremdheit biblischer Texte begegnet diese Methode konstruktiv, weil jeder – ohne Vorbedingungen einerseits und – was für Jugendliche besonders wichtig ist – ohne sich irgendwie kreativ outen zu müssen – andererseits in die Textbegegnung einsteigen kann.

4.2 Bibliolog als niedrigschwelliger Weg in die Bibel

Im Bibliolog haben wir eine Methode, die ich eigentlich als eine bibeldidaktische Haltung beschreiben würde, in der Menschen einem biblischen Text begegnen und ihn als Gruppe auslegen.[19] Hierbei werden Gestalten aus dem biblischen Text quasi als Rollenangebote verstanden, mit denen sich auch heutige Menschen identifizieren und in der Perspektive der Rolle einer biblischen Figur erleben können. Die Entdeckung des Textes geschieht damit quasi von innen heraus, d.h. man begibt sich in eine Erzählwelt hinein und übernimmt die Stimme einer bestimmten biblischen Figur. Das ist – und hierin liegt eine besondere didaktische Chance – grundsätzlich jedem Teilnehmer/jeder Teilnehmerin möglich, da es lediglich um eine Einfühlung in mögliche Gedanken oder Gefühle jener vorgestellten biblischen Figur geht. Dies bedeutet, dass auch mit kirchenfernen oder kirchendistanzierten Gruppen (wie heutige Jugendliche) besonders gut gearbeitet werden kann, da es nicht um exegetisches oder systematisch-theologisches Wissen, ja noch nicht einmal um eine Beheimatung in der christlichen Religion geht.

---

18 F. Schweitzer: Kinder und Jugendliche als Exegeten?, in: D. Bell / H. Lipski-Melchior u.a.: Menschen suchen – Zugänge finden, Auf dem Weg zu einem religionspädagogisch verantworteten Umgang mit der Bibel (FS Chr. Reents), Wuppertal 1999, 238-245, 242.

19 Vgl. zum Folgenden U. Pohl-Patalong, Bibliolog. Impulse für Gottesdienst, Gemeinde und Schule, Band 1 Grundformen, Stuttgart 2009; E. Naurath, Mit Gefühl gegen Gewalt. Mitgefühl als Schlüssel ethischer Bildung in der Religionspädagogik, Neukirchen [3]2010, 244ff.

„Du bist ein Vater, der sein Kind zu Jesus bringt, um es segnen zu lassen. Was erwartest du dir für dein Kind?", wäre eine solche Einladung zur Identifikation zum Kinderevangelium in Markus 10. So wird die Textbegegnung einerseits von dessen Handlung und Dynamik bestimmt, andererseits aber auch von der subjektiven Einfühlung. ‚Jeder und jede kann und darf etwas beitragen und wird – da im Prolog betont wurde, dass es kein ‚richtig oder falsch' dieses subjektiven Zugangsweges gibt – in seinem Beitrag wertschätzend wiedergegeben. Hierbei ist die Verlangsamung der Wahrnehmung, ganz wesentlich. Es geht darum, das so genannte ‚Weiße Feuer' des Textes aus subjektiver Perspektive zur Sprache zu bringen. Auf der Basis der jüdischen Midrasch-Auslegung ist der heilige Text in schwarzem Feuer (das sind die Buchstaben) geschrieben. Das weiße Feuer sind die Zwischenräume, die Leerstellen, die zur Phantasie und Verlebendigung einladen. Im Chor der Vielstimmigkeit werden die Zwischenräume des Textes lebendig, so dass die Pluralität der Deutungen das Spektrum der Auslegungen weitet. Im so genannten ‚Echoing' wiederholt die Leitung umschreibend die Assoziationen all derer, die sich spontan und freiwillig beteiligen und manifestiert hierbei: Jede Stimme ist wichtig und wertvoll und erschließt uns Nuancen des weißen Feuers, die im Text als dem schwarzem Feuer verborgen liegen. Dass dieser gemeinsame Prozess sehr spannend ist und auf dem Weg einer wertschätzenden Haltung alle Beteiligten in ihren Sichtweisen bestärkt und zugleich relativiert, macht den Reiz und den Erfolg dieses Ansatzes aus.

5   Resümierende Thesen

* Bei genauerer Betrachtung fällt auf, dass die für das Jugendalter signifikante Bibeldistanz nicht ausschließlich altersbedingte, und damit entwicklungspsychologische und soziokulturelle Gründe haben kann, da ein Gefühl der Fremdheit auch über das Jugendalter hinaus zu bleiben scheint.

* Liegt aber – wie gezeigt wurde – in der Beschäftigung mit der Bibel ein für Individuum und Gesellschaft relevantes Bildungspotential, so bedarf es innovativer bibeldidaktischer und -methodischer Impulse, um subjektorientierte Annäherungswege zum Text zu ermöglichen. Didaktische Bedingung, die Brücke vom Lerngegenstand zum Lernprozess zu schlagen, ist der Anspruch, Lernende nicht länger als Objekte von Belehrungsprozessen, sondern als Subjekte in Bildungsprozessen zu sehen.

* Bedingungsgrund und Wegbereiter hierfür ist zum einen ein theologisch fundiertes Bildungsverständnis, das christliche Freiheit und ‚Bildung als Selbst-Bildung' stringent aufeinander bezieht. Zum anderen jedoch die der Bibel eigene Didaktik, die in ihrer narrativen und poetischen Sprachgewal-

tigkeit berühren und in Beziehung bringen will. Das eigene, subjektivbezo-
gene Lesen eines Textes bedarf jedoch der Rückbindung an die Erkenntnis-
se der Exegese beziehungsweise der Biblischen Theologie wie auch des
kritischen Diskurses mit anderen Deutungen (beispielsweise in einer Klas-
sengemeinschaft). Die bibeldidaktische Herausforderung ist in Weckung
bzw. Förderung dieser Entdeckerfreude zu sehen, die für jedes Lebensalter
als Beziehungsgeschehen eines als Dialogpartner zu verstehenden Textes
sinnstiftende Impulse bietet.

Liedmeditation zu EG 567 „Aufgetan ist die Welt"*

Silke Krafft und Christine Tergau-Harms

Biblische Spur: Nachfolge
Jesus sagt: Folge du mir! (Mt 8,22a)
Wer mir nachfolgt, wird nicht wandeln in Finsternis,
sondern wird das Licht des Lebens haben. (Joh 8,12b)

Aufgetan ist die Welt, tausend Wege durchs Land –
welchen geh ich? welcher ist mein? welcher soll mein Lebensweg sein?
Setze mir, Gott, ein Zeichen, das auf den rechten Weg mich stellt.

> Den Aufbruch wagen.
> Der Tag ist noch unbetreten.
> Alles Wollen und Wünschen stürmt aufs noch weiße Blatt,
> überschießt es mit Leuchtfeuern.
> Loslegen und zupacken.
> Aber womit zuerst?
> Und wohin geht es dann?
> Ich möchte – Du kannst das nicht!
> Ich will – Du bist das nicht!
> Die Wünsche purzeln,
> die nagenden Teufel auch.
> Erste Schritte auf dem weißen Blatt –
> unsicher.

Biblische Spur: Nachfolge
Und siehe, ein Jugendlicher trat zu Jesus und fragte:
Meister, was soll ich Gutes tun, damit ich das ewige Leben habe? (Mt 19,16)

Jesus aber sagte zu ihm: …
Willst du zum Leben eingehen, so halte die Gebote! (Mt 19,17b)…
Da sagte der Jugendliche zu ihm:

---

* Morgenandacht im Rahmen der Hildesheimer Barbara-Schadeberg Vorlesungen im Oktober 2010.

Das habe ich alles gehalten; was fehlt mir noch? (Mt 19,20)

Jesus antwortete ihm:
Willst du vollkommen sein, so geh hin, verkaufe, was du hast, und gib's den Armen, so wirst du einen Schatz im Himmel haben;
und komm und folge mir. (Mt 19,21)

Als der Jugendliche das Wort hörte, ging er betrübt davon;
denn er hatte viele Güter. (Mt 19,22)

Jesus sah, dass er traurig war. (Lk 18,24)

Die Jünger entsetzten sich sehr und sprachen: Ja, wer kann dann selig werden? (Mt
19,25)

Da fing Petrus an und sprach zu ihm:
Siehe, wir haben alles verlassen und sind dir nachgefolgt;
was wird uns dafür gegeben? (Mt 19,27)

◇

Viele seiner Jünger wandten sich ab und gingen nicht mehr mit Jesus.
Da fragte Jesus die Zwölf: Wollt ihr auch weggehen?
Da antwortete ihm Simon Petrus: Herr, wohin sollen wir gehen? Du hast Worte des
ewigen Lebens. (Joh 6,66-68)

Weg, der steigt und zerfällt, Weg, der lockt und vergeht,
Irrweg, Umweg, steiniger Pfad – viele Schilder! welches gibt Rat?
Setze mir, Gott, ein Zeichen, das auf den rechten Weg mich stellt.

> Ein Leben lebt sich nicht allein aus hier- und dorthin gehen.
> Ich suche wirklich
> und frage ehrlich:
> Rufst du mich?
> Ich folge weiter und weiter,
> es hetzt mich ins Enge.
> Blind fast.
> Blaue Flecke übersäen Hände und Füße.
> Ein Fels ragt in den Weg.

Der Kopf schlägt dagegen.
Ich sinke auf die Erde.
Wie von Ferne sehe ich mich sitzen:
Ein Haufen Mensch hockt am Wegrand.
Schwarz das Blatt.

Biblische Spur: Petrus
Petrus sprach zu Jesus:
Herr, ich bin bereit, mit dir ins Gefängnis und in den Tod zu gehen.
Jesus aber sprach:
Petrus, ich sage dir. Der Hahn wird heute nicht krähen,
ehe du dreimal geleugnet hast, dass du mich kennst. (Lk 22,33)

<>

Petrus leugnete und sprach: Ich kenne ihn nicht. (Lk 22,57)
Der Hahn krähte.
Und der Herr wandte sich und sah Petrus an. Da erinnerte sich Petrus…
… und ging hinaus und weinte bitterlich. (Lk 22,60c.61a.62)

    Ein Haufen Mensch hockt am Wegrand.
    Schwarz das Blatt.

An den steinigsten Pfad, in die dunkelste Nacht hat dir Gott den Markstein gestellt:
Jesus Christus, Licht dieser Welt. Er ist das Wegeszeichen, sein Wort ist Weisung,
Rat und Tat.

    In die Stille der Schwarzheit hinein
    ist vielleicht der Fels das einzig Haltende.
    Ich bleibe.
    Ruhe das erste Mal,
    völlig erschöpft.
    Die Gedanken rasen sich nur langsam zur Ruh.
    Es wird dunkel bleiben.
    Ich habe Angst.
    Selbst schuld!
    Hast es doch gewusst, du taugst nicht!
    Und weiter und weiter in diesem Strudel.

In den Strudel hinein irgendwann eine Stimme von Ferne, leise:
»Fühlst du den Fels im Rücken?
Klage nur alles heraus.
Über dich, über dein Leben.
Gott hört zu.«
Ich fühle den Fels im Rücken.
Stille.

STILLE

Nach einer Ewigkeit besiegeln erlösende Tränen das Dunkel.
Rotz und Wasser.
Stammeln und Stottern.
Und ein Ahnen:
Auch wenn ich Dich nicht sehe, so bist du doch da, wo ich bin.
Noch matt vom Schreien bricht der Morgen auf.
Ich wage neue Schritte auf dem Lebensblatt.
Geprägt ist es von der Nacht.
Und vom Morgen auch.

Jesus sagt: Du bist Petrus – Fels. Und auf diesen Felsen will ich meine Kirche bauen. (Mt 16,18)

Wie da aufbricht die Welt: Werden, Kommen und Gehen und ich selber mitten darin!
Christus nennt mir Wesen und Sinn.
Er ist das Wegeszeichen, neu jeden Tag ins Licht gestellt!

Arnold Stadler – Übertragung von Psalm 8
(Im Leitvers klingt die Melodie des Liedes 567 „Aufgetan ist die Welt" an. Leitvers: Hans-Joachim Rolf)

Herr, unser Herr, wie wunderbar
ist dein Name auf der ganzen Welt!
Auch oben, im Himmel, bist du mit deiner Hoheit.
Selbst das Geschrei von Säuglingen
ist noch Lob, ein Ja-Sagen zu deiner Schöpfung.
Den Atheisten verschlägt es die Sprache.

Leitvers: Du krönst uns mit Würde und Glanz

Wenn ich zu *deinem* Himmel aufschaue,
zum Mond und zu den Sternen,
die du da festgemacht hast:
Was ist der Mensch, dass du an *ihn* gedacht hast?
Dieses Menschenkind, dass du es *machen* lässt?
Du hast den Menschen fast gottgleich gestaltet,
mit Glanz und Herrlichkeit hast du ihn gekrönt,

Leitvers: Du krönst uns mit Würde und Glanz.

du hast ihn als Herrscher eingesetzt über deine Schöpfung:
du hast sie ihm zu Füßen gelegt.
Alles, was ich sehe,
alles, was lebt auf dem Land,
in der Luft und was seinen Weg im Meer sucht,
alles hast du ihm zu Füßen gelegt.
Herr, unser Herr, wie wunderbar
ist dein Name auf der ganzen Welt!

Leitvers: Du krönst uns mit Würde und Glanz.

Autorinnen und Autoren

Dr. Albrecht Dröse, z.Zt. wiss. Mitarbeiter am Lehrstuhl für Ältere und frühneuzeitliche deutsche Literatur und Kultur an der TU Dresden

Dr. Dr. Olga Graumann, Professorin für Angewandte Erziehungswissenschaft an der Universität Hildesheim

Dr. Christian Grethlein, Professor für Praktische Theologie mit Schwerpunkt Religionspädagogik an der Westfälischen Wilhelms-Universität Münster

Dr. Uta Hallwirth, Leiterin der Wissenschaftlichen Arbeitsstelle Evangelische Schule im EKD-Kirchenamt Hannover

Dr. Christina Hoegen-Rohls, Professorin für Bibelwissenschaften und Biblische Didaktik an der Westfälischen Wilhelms-Universität Münster

Silke Krafft, Mitarbeiterin im Michaeliskloster Hildesheim

Veronika Krötke, Gemeindepädagogin, z.Zt. Vikarin in der Kirchengemeinde Berlin-Dahlem

Dr. Elisabeth Naurath, Professorin für Evangelische Theologie/Religionspädagogik an der Universität Osnabrück

Dr. Maria Nooke, Stellvertretende Direktorin der Stiftung Berliner Mauer

Dr. Manfred L. Pirner, Professor für Evangelische Religionspädagogik und Didaktik des Religionsunterrichts an der Friedrich-Alexander-Universität Erlangen-Nürnberg

Dr. Thomas Schlag, Professor für Praktische Theologie mit den Schwerpunkten Religionspädagogik und Kybernetik an der Universität Zürich

Dr. Henning Schluß, Professor für empirische Bildungsforschung und Bildungstheorie an der Universität Wien

Dr. Martin Schreiner, Professor für Evangelische Theologie/Religionspädagogik an der Universität Hildesheim

Christine Tergau-Harms, Referentin im Michaeliskloster Hildesheim

Dr. Michael Wermke, Professor für Evangelische Religionspädagogik an der Universität Jena